きのうの日本

近代社会と忘却された未来

鵜飼政志・川口暁弘
［編］

有志舎

はしがき

私たちは、個人の場合でも、集団の場合でも、ひいては国家の場合でも、自分にかかわる過去の出来事を美化する誘惑にかられやすい。一方で私たちは、他者、他国を論ずる場合には、冷酷になりやすい。そこで現代の私たちは、近代の日本に親近感をいだく場合にはこれを美化し、そうでない場合にはこれを断罪する、両極端の見方にわかれやすい。前者は自己陶酔した国民の物語になり、後者は自虐史観となる。

この本では、どちらの立場にも立たない。

きのうの日本——明治維新から、第二次大戦後の一九五〇年代までを、本書では、きのうの日本とよぶ。日本近代史といわれる時期である。副題に、近代社会と忘却された未来、とつけた。忘却された未来とはなにか。きのうの日本にあって、一度は模索されながら、結局うちすてられてしまった理想、構想、夢、そういったものが指し示していたはずの未来のことである。本書が関心を寄せるのは、現代の日本において美化と断罪の対象にすら、なり得ないことどもである。

一度はすてられたものであるからには、役にたたないとの判断があったからに相違なく、今更こうしたものを掘り出すことにたいした意味はない、と考える読者もいるだろう。たしかに、効率と採算を重視する昨今とは、逆行した関心の持ち方である。だが、私たちが記憶するかどうかにかかわらず、きのうの日本に棄てられ忘却された未来もまた、私たちがいきる現代の土台である。そして、これらのいくつかは、私たちが忘れることによって、かえって未決の問題として今日の日本に残存している。きのうの日本にまつわるいくつかの話題を通じて、私たち筆者はそのことを読者にしめしたいと思う。具体例をあげると、以下のようになる。概要の説明をかねているので、御一読ねがいたい。

明治維新をどう見るか、歴史観の問題をとりあげてみても、きのうの日本が今日に残存していることははっきりする。私たちの明治維新観は、昭和一〇年代までに、政府主導でつくられた「正しい」歴史認識に起源をもっている。戦後、明治維新史研究は大いに発展して、優れた実証研究が蓄積されてきたが、細分化が過ぎて、全体像を再構築する論文が登場することは殆どない。結果として明治維新の見方は戦前のそれをあらかた引き継いでいる。きのうの日本を考える第一歩として、明治維新史観がどのように作られたかを見よう。

私たちの忘却をよそに、いきる人々がいる。たとえば廢兵《はいへい》である。戦傷病者のことである。かれらは軍神や英霊ではなかった。傷ついたかれらの姿は、戦争の悲惨さを直截に国民に見せつけてしまう。陸海軍としてはかれらの献身に報いなければならないが、反戦感情を刺激しないようにかれらを国民の日の届かないところにおく必要があった。だからきのうの日本において、かれらが正当な処遇をうけるのは容易ではなかった。今日の日本ではどうか。保守派が戦傷病者を視界におさめて靖国問題を議論してきたようには思えない。戦争責任や戦後責任を問う論客が、戦傷病者を侵略の先兵として面罵《めんば》してきたとは思えない。左右両翼の議論から戦傷病者は脱落しているのである。

戦後社会において博覧会といえば、大阪万国博覧会である。日本復興と高度経済成長の象徴として、私たちは万博をおもいだす。この頃に生まれた女子に陽子という名前が多いのも、太陽の塔にちなんだものと思われる。大阪万博は戦後日本の素敵な思い出である。だが、きのうの日本では、万国博覧会は国家間競争の場であり、国威を誇示する場だった。だから各国は獲得した植民地について積極的に展示した。展示内容は物産にかぎらない、人間をも展示した。人々は、月の石を眺める場合と同じ好奇心をもって、台湾先住民を見たのであった。先年、上海万博での国威発揚があからさまに過ぎて、筆者などは食傷したものであったが、もともと博覧会は国家ときりはなせないものだったことを読者は知るだろう。

植民地は日本の外だけにあったのではない。きのうの日本には内国植民地ともいうべき地域があった。北海道と沖縄である。近世には各々蝦夷地《えぞち》、琉球《りゅうきゅう》とよばれた。両地域は、日本と深いかかわりを持つけれども外国にちかい存在だった。明治時代に日本国の一部となったけれども、その待遇は本州と同等ではなかった。だから内国植民地と形容する。明治政府は、北海道旧土人保護法を制定し、アイヌ民族の自由と権利を制限した。きのうの日本には、法の下の平等が空しくひびく現実が存在した。本書で紹介する旭川市近文《ちかぶみ》アイヌの運動は、私たちが記憶すらしていない、きのうの日本のできごとなのである。

きのうの日本には、多くの宮家があり、今に比較して遙かに多くの男性皇族がいた。皇位継承者を確保するためである。だが歴代天皇が男子に恵まれたために、皇族が皇位継承者として注目されることはなかった。男性皇族は軍人となる習いだった。富国強兵を目指す日本で国民に模範をしめすためである。けれども激戦地に赴くわけもなく、皇族軍人が武人として死処を得る例は、北白川宮能久《きたしらかわのみやよしひさ》親王をのぞけば稀であった。こうしたことから皇族の存在意義について、かれら自身が自問していた。答えの得られぬうちに第二次大戦の敗戦をうけて、皇族は臣籍にくだった。かれらは過去の存在になったけれども、いま、皇室は男性皇族のすくなさゆえに存続が危ぶまれている。そして、かつて男性皇族が自分の存在意義について苦悩したことなど忘れてしまった私たちの政府は、女性宮家の創設を論じているのである。

私たちの忘却は言葉にもおよぶ。死語である。たとえば国体である。国（日本）の本質というほどの意味である。きのうの日本で人々をがんじがらめにした魔語である。今日の日本では、コクタイといえば国民体育大会か国会対策の略語である。だが、日本とは何か、天皇とは何か、日本人とは何か、こうした問題を考えるとき、左翼はもとより右翼まで国体という言葉を使いたがらないのはどうしたことか。国柄といいかえたら国体の呪縛が解かれるのだろうか。呪縛の正体を明らかにしなければきのうの日本は、過去になり果せないだろう。

ここまでの文章で、何度か戦後という言葉を使ったが、私たちの思い描く戦後とは何だろうか。映画『青い山脈』にでてくる青年たちの溌剌さだろうか。戦争を憎み平和を愛する民主主義だろうか。明日の発展をうたがわず日々の仕事にはげむ映画『三丁目の夕日』の情景だろうか。この文章の冒頭で、人間は自分の過去を美化する誘惑に駆られやすいとのべた。本書ではそうした立場には立たないとものべた。だから、本書では経済成長と平和と民主主義の三位一体ではなかった、もうひとつの戦後のあり方について読者にしめすことになる。

本書は一般読者のために書かれたものである。読みやすさを優先した。そのために通常の研究書とは流儀がことなる。史料の引用は必要最低限にした。原史料の表記を読みやすくなるようにあらためた。注はつけないことにした。出典表記も簡略化した。この点につき、本書を手にとった関係各位、専門家各位の寛恕を乞う。本書の筆者たちは後刻それぞれの論考を学術論文の体裁で発表する機会があるだろう。その際には学問的に、より厳密な手続きと論証のもとに議論が展開されるはずである。

二〇一二年三月

鵜飼政志
川口暁弘

きのうの日本——近代社会と忘却された未来——〈目　次〉

一　明治維新の理想像

——決して忘却されない国民の物語——

鵜飼政志

はじめに——国民的物語としての明治維新——

多くの日本人は、明治維新の歴史を壮大なドラマ（物語）とみなしがちである。明治維新の歴史は、欧米列強の圧力に翻弄されながらも、徳川幕府を倒した明治政府の指導者、そして明治国家に連なる人々が今日に至る近代国家を築いていった物語だというのである。しかし、複雑な過程をたどった実際の明治維新史は、必ずしも世人がおもしろさを覚えるほど明快なものではない。徳川幕府の倒壊、明治政府の成立は、たび重なる政争、クーデタと内戦の結果であり、国民全体が快く共感を抱くような歴史とは決していえるものではなかった。

にもかかわらず、その後の日本では、明治維新史をあたかも国民の物語として理解しようとしてきた。物語的な歴史でなければならない明治維新史像が、つねに存在してきた。なぜならば、近代日本の歩みのなかで、為政者たちは、築き上げた明治国家の正当性を示す根拠として、また、社会変革を主張した人びとや、革命を標榜した反政府主義者やマルクス主義者たちも、倒すべき勢力を明確に批判するための根拠として、明治維新の歴史を、肯定的に理解するにせよ否定的に理解するにせよ積極的に受けとめ、自らの立場や主張を国民に訴える必要があったからである。明治維新を近代日本の原点とみなす姿勢は、時代の変遷とともにその歴史像を変貌させ、あたかも「起源神話」（宮澤誠一　二〇〇五年）化していったといえよう。

戦後、明治維新史研究は、戦前の学問的制約から解放されて大きく発展した。その研究成果は、必ずしも明治維新が国民の抱いていたような歴史ではなく、また理想的な歴史像であったとも限らないことを明らかにしている。しかし、明治維新の歴史像が大きく変化することはなかった。例えば、大久保利通や西郷隆盛、木戸孝允といった維新の指導者たちが、批判されることもあるにせよ、否定的に描かれることは少ない。また一般に知られる歴史過程も、まるでシナリオが存在するかのように、戦前のものと大差がない。そこには、意図的であるかどうかを問わず、一部の研究者を除いて、明治維新を一つの理想像とみなす傾向が明らかに定着している。さらに、大河ドラマや時代小説などが、戦前とはまた様相の異なる偶像的な明治維新史像を国民のなかに定着させようとしている。

1　学問と社会のあいだで揺れる明治維新史像

明治維新史研究者たちが求めるもの

この潮流に力を貸してきたのが、歴史学者たちである。現在の明治維新史研究は、理論棚上げの実証一辺倒と揶揄される。明確な歴史観もなく、複雑な歴史過程の究明にのみに関心を抱くものも少なくない。彼らが研究の土台とするものは、多くの場合、通説とよばれる歴史認識である。これこそすなわち、明治以来、国民に認知されてきた伝統的かつ物語的な明治維新史像にほかならない。

かつて、高度経済成長期あたりまで、明治維新史研究は、日本近代史研究と同義とみなされ、つねに現代社会を批判的に照射するその研究姿勢と実証成果は、多くの歴史理論を生み出してきた。しかし、そうした研究の多くがマルクス主義歴史学（唯物史観）の立場に立っていたため、冷戦崩壊後はほとんど顧みられなくなった。これに対して、現在の明治維新史研究者の多くは、現代社会に対して問いかけるような実証方法を忌避しがちである。これは、政治活動と結びつきがちであった唯物論者たちへの批判でもあった。

しかし結局、現在の研究者の多くは、明確な社会に対する主張もなく、通説的な明治維新史像に立脚するかぎり、かつての研究成果を乗り越えることができないであろう。明治維新の歴史を一つの理想像として追い求め、結果として伝統的な国民の物語的理解を是認しているからである。明治維新史を追求する動機や意義が、現在では不明瞭な状態になってしまっているといわざるをえない。

理想の明治維新史像

明治以来、為政者や知識人、革命家、さらに研究者たちは明治維新史に何を求めようとしたのだろうか。かつて、為政者や知識人、革命家たちが、みずからの存在理由や、社会批判のための歴史的根拠として明治維新をとりあげたことは既に述べた。しかし、制約があったとはいえ、なぜ明治維新をとりあげたのだろうか。明治維新に対する理想像があったのではないだろうか。このような疑問を覚えてならない。

現在では、日本近代史研究の進展もあり、明治維新に関心を抱かないものにとってみれば、そこに近代日本の端緒以上の意義を覚えない研究者も少なくない。高度経済成長期以降、明治維新史研究は袋小路にはいったかのように、研究が停滞した。明治維新の諸事象が日本近代史の特質を率直に表し、それが現代社会につながると考えがちであったかつての研究姿勢では、他の時代とは比べものにならないほどの原史料が公開されているにもかかわらず、さまざまな史実解釈に矛盾を生じさせてしまっている。少なくとも、明治維新を考えるだけでは、日清・日露戦争を経て、さらにアジア・太平洋戦争に至る日本近代史の全貌を伝えることはできない、ということが既に四〇年以上前から指摘される一つの結論なのである（座談会「明治維新史研究の成果と課題」）。

以下、時々の代表的な為政者や知識人、さらには研究者たちが明治維新に何を求めたのか概観していきたい。

2　明治初年の明治維新史像

王政復古と明治政府

一八六八年、王政復古クーデタによって成立した明治政府は、理念的に「神武創業」の治世に戻るために律令制度を否定し、天皇制国家の樹立を宣言した。そして、戊辰の内乱を平定した翌年には、途絶えていた「六国史」以来の修史事業の開始を宣言した。

修史局総裁に任命された三条実美に与えられた詔には、「修史は、萬古不朽の大典、祖宗の盛挙なるに、三代実録以後絶て続なきは、豈大闕典に非ずや。今や鎌倉以降武門専権の弊を革除し、政務を振興せり。（中略）須く速に君臣名分の誼《よしみ》を正し、華夷内外の弁を明にし、以て天下の綱常を扶植せよ」（『復古記』第一冊・序）とあった。明治政府の修史事業は、天皇制国家に対する「君臣名分の誼」を明らかにし、その正当性を内外に主張しようとするものであった（田中彰　一九八七年、大久保利謙　一九八八年）。

その成果が、太政官主導のもと、一六年八ヵ月の年月を費やして、一八八九（明治二二）年に完成した「復古記」（一五〇巻）および「復古外記」（一四八巻）である。当初、刊行の予定はなかったが、のちに『復古記』として公表された。

『復古記』は、成立当初から明治政府に参加した諸藩や、後に参加した諸藩・諸家から提出された戊辰戦争関係史料を編纂した、一八六七年の大政奉還から翌年の東北平定にいたる戊辰戦争の記録である。形式的には、三代実録までの「六国史」と同様に、編年体の記録にすぎないが、内乱平定に貢献した人びとは誰なのか、明治政府にとって王政復古とはいかなる実態であったのかを伝えている点で、王政復古史観の編纂物であった。大義名分を重視する王政復古史観のもとでは、明治維新史像は一つの理想像であるよりも、国内社会に与えられた普遍的な価値観であり、社会もそれを無批判的に享受しなければならないものであった。『復古記』は史料を所収した編纂物にすぎなかったが、不平士族の反乱を経て、自由民権運動の時代になると状況が変化していく。

当時は、明治政府の専制的政治手法に対して、さまざまな批判が巻き起こり、政府もこれに対抗して取締を強めていた。ところが、一八八一（明治一四）年、開拓使官有物払い下げ事件を契機とする政府内部の対立から、大蔵卿大隈重信の下野となる（明治一四年政変）。政変にあたり、政府は世論を懐柔するため、一〇年後の憲法発布と国会開設を約束し、そのための準備に取り組んでいった。こうした流れは、一部の政府要人に多大な危機感を抱かせることになる。

一八八六（明治一六）年、立憲政治が導入されることによって、天皇を国家の根幹に位置づけた政府成立時の理念に影響が生じることを懸念した岩倉具視は、「固有の国体の解明を目的とする日本歴史の編纂」（大久保利謙一九八八年）を企図、宮内省に編纂局を設置し、みずからその総裁となった。この事業は、岩倉の死（同年七月）によって方針変更を余儀なくされ、総説のみを編纂した『大政紀要』が同年一二月に上程された。同書はその題名が示すとおり、「大政」すなわち天皇大権の歴史を叙述し、凡例において「我邦国体ノ特ニ海外各国ト異ナリ。皇統一系万世不易君臣ノ名分ヲ確定シテ。動カス可ラサルヲ表示スルニ在リトス」と高らかにうたい、明治一四年政変や国会開設運動における自由民権家の活動を厳しく批判した。

王政復古以降の歴史については、王政復古・戊辰戦争・版籍奉還・廃藩置県・新律綱領・地租改正・秩禄処分・岩倉使節洋行・征韓論・佐賀の乱・台湾出兵・元老院および大審院設置・地方官会議・内閣設置などを重要な史実と指摘している。そして、明治政府隆盛の歴史こそ、天皇大権の治世であるというのである。『大政紀要』編纂は、立憲政治の導入をめぐる政府内部保守派の葛藤がなさしめた事業であり、史実の叙述に稚拙さが残るとはいえ、天皇の存在を歴史、および社会の中心に位置づけようとするその歴史観は、王政復古史観の決定版であったといえる。

文明開化期における為政者・知識人の明治維新観

時代の変遷とともに、立憲制の思想が日本に紹介されていったにもかかわらず、社会は、名分論にすぎない王政復古史観を当然のように受けとめていった。それは明治初年においては、為政者ばかりか知識人も同様であった。明治初年は文明開化の時代といわれる、西洋文化啓蒙の時代であった。この点において、為政者も著名な知識人たちも、出自においてはほとんどが武士階級であり、維新の勝者であれ、あるいは敗者であれ、新たな時代を担うという意識においては共通する傾向があった。しかし、そうであるからこそ明治政府がいかに成立したのか、その経緯については無批判的であった。

例えば、福沢諭吉は『文明論之概略』（一八七五年）において、「王制一新の源因は、人民の覇府を厭《いと》うて王室を慕うに由《よ》るにあらず、新を忘れて旧を思うに由るにあらず、百千年の間、忘却したる大義名分を俄に思出したるが為にあらず、ただ当時幕府の政を改めんとするの人心に由《より》て成《なり》たるものなり」と指摘するのみである。福沢も参加した、文明開化の時代を象徴する明六社の同人たちも、一致して明治維新を肯定した。明六社を主宰した森有礼をはじめ、同人の多くは政府の関係者か、政府に近い立場にあったことを考えれば当然のことであろう（大久保利謙　二〇〇七年）。

3　明治中期の明治維新史像

民権論者たちと第二維新論

明治政府の専横的姿勢に批判的であった自由民権家たちも、王政復古クーデタから明治初年における一連の改革を肯定する傾向にあった。総じて彼らは、成立当初の明治政府が公儀輿論に基づく政治を標榜したことを重視し、「上からの」維新に対して、「下からの」維新実現に夢をみた。実際には、一八六九（明治二）年の版籍奉還に始まる、政府による一連の改革によって多くの士族や豪農層が没落していったが、それでも彼らは明治維新を否定しなかった。つまり、明治維新を名分論的に必然なものとみなしている点で、彼らの歴史観は政府の王政復古史観に通じる要素があったといえる。

例えば、明治初年の過激な民権新聞・雑誌である『評論新聞』やその後継となる『中外評論』は、明治政府の指導者やその政策を痛烈に批判したが、天皇を頂点とした国家体制については、総じて是認的であった(『自由民権思想』上)。

とはいえ、明治維新を必然とみなしたその歴史観から、新たな政治運動、すなわち第二の維新改革を主張する声が生まれている。

早くは西南戦争終結二日前の一八七七(明治一〇)年九月二二日、植木枝盛は、高知県の地元誌『海南新誌』に「明治第二ノ改革ヲ希望スルノ論」と題する論説を寄稿し、第二維新改革の必要性を提起している。以降、第二維新論は、長期にわたり社会変革を主張するうえでのキーワードとなっていった。それは同時に、明治維新史が、一つの理想像として社会に定着していく契機でもあったといえる。ただし、自由民権期における第二維新論は、階級対立の視点から「下からの」民権運動と民衆の政治参加を説いたが、第一の維新すなわち明治政府の存在を是認している点で限界であったともいえる。

なぜなら、第二維新を本格的に主張するためには、明治維新の歴史を日本社会の変化を踏まえたうえで分析し、その矛盾点・問題点を指摘し、何を改革すべきかを明らかにしなくてはならないはずである。こうした作業は、詳細な分析が必要となるが、政府による言論・メディア統制や、維新関係史料の非公開といった事態を考えれば、当時においてはおのずと限界があり、戦略論的に第二維新を強調せざるをえなかったといえる。

徳富蘇峰の明治維新論

第二維新が盛んに説かれたのは、明治二〇年代以降のことであり、その中心は徳富蘇峰《とくとみそほう》(猪一郎《いいちろう》)が設立した民友社の人びとである。

民友社が設立された一八八七（明治二〇）年に続き、明治社会は大日本帝国憲法発布（一八八九年）・帝国議会開設（一八九〇年）と大きな転機を迎えていた。学問的にも、憲法発布の同年、東京帝国大学内に史学会が設立され、ドイツ流の史料考証主義を基本とした歴史学の枠組みが完成している。ちなみに、史学会設立年は、前述した「復古記」が完成した年でもあった。国家体制の批判には禁欲的にならざるをえなかったにせよ、おぼろげながらも学問として明治維新を描くことができるようになった時代が到来したのである。それは同時に、社会が明治維新を過去とみなすことができるようになったことを意味していた。

徳富蘇峰は、民友社発行の『国民之友』において、幾度か明治維新論を展開している。一八六三（文久三）年生まれの蘇峰は、明治維新を体験した世代といっても幼少であり、その革命的な意味合いを同時代的に理解していたとはいいがたい。むしろ、熊本洋学校や同志社英学校に学び、自由民権運動に参加した経験のある蘇峰は、明治維新の復古的要素よりも、五箇条の誓文に象徴される、公儀輿論に基づく政治姿勢などの改革的要素を重視した（「維新改革史に関する管見（一）」）。また、変革の政治主体としては、民権家同様、士族の存在を強調している（同右）。

その一方で、蘇峰の明治維新観には、民権家とは大きく異なる点があった。彼は、明治維新の要因として、外的条件、すなわち世界史的必然性を説いたのである（「維新革命史の反面」）。しかも、ペリー来航に始まる外的条件だけを要因とするのではなく、日本をとりまいた一九世紀後半の世界史的環境の下、国内社会の発展と変化のなかに明治維新を理解しようとしたのである。

とはいえ、明治維新が王政復古であることも否定しなかった。蘇峰は、王政復古の理想によって明治政府が成立したことを認めつつも、その進歩的要素として公議輿論や一連の改革を評価したのである。この点は、自由民権期の論者たちと共通している。しかし、時代の変遷とともに復古の要素は後退するどころか、維新の功臣たちによって反動的な藩閥政府と化し、公議輿論の理想が「明治の勅詔令達」によって絶たれようとしていることを痛烈に批判した（「維新改革史に関する管見（二）」）。かくして、明治維新の結果は「復古三分、維新七分の雑種政府」（「維新改革史に関する管見（一）」・「維新革命史の反面」）になっていると表現したのであった。

もちろんそうした状態は、明治維新の進歩的要素を評価する蘇峰にとって満足できる状態ではなく、「嗟呼第二の維新は、何の日に来る。如何にして来る。誰の手によりて来る」（同右）と強調したのであった。蘇峰の第二維新論は、彼が主宰していた熊本・大江義塾（一八八一〜八六年）時代からの理念であったことを、同塾に学んだ宮崎滔天《とうてん》（虎蔵）が語っている（宮澤誠一　二〇〇五年）。

民友社の人びとの明治維新論

このほか民友社の編纂人には、蘇峰に劣らない明治維新論を展開した人物がいる。ここでは、人見一太郎『第二之維新』（一八九三年）と竹越与三郎『新日本史』（上巻・一八九一年、中巻・一八九二年、下巻は未完）をとりあげる。

人見の著作は、文字通り第二維新を具体的に主張したものである。人見は、「第一維新」が大成させたものとして公議輿論の実現を掲げる。この点においては蘇峰と同様である。そして「第二維新」では、「選挙権と、富と、言論とを以て擁護せる公議輿論」の大成を期待する。ただし「第一維新」が「二三志士」によって実現したものであるのに対して、「第二維新」は「製造すべきものにあらず、国民によりて成就せられさる可らさる」ことを強調し、その発端として、かつての版籍奉還（一八六九年）のような「国是大会議」の開催を主張した。そして、公議輿論の理念が、維新後三年もしないうちに後退し、「第一維新」を実現させた政府がさまざまな失政をおこなったと批判したのである。ゆえに、再び国民全体の輿論による「第二維新」の実現を期待したのである。

人見の第二維新論は、蘇峰の主張に通じるものであり、同時に議会開設前後における政府の軍拡政策に反対した民党勢力を言論界から支援するものであった。

こうした第二維新論は、大正維新・昭和維新と時代とともに表現を変えながら政治変革のスローガンとして受け継がれ、多くの反体制運動に影響を与えていった（宮澤誠一　二〇〇五年）。

竹越与三郎の『新日本史』も、その執筆の動機としては、政府の政策に対する批判であり、第二維新論にも賛同している。ただし、竹越の明治維新論は、王政復古を前提としたものではなく、むしろそうした歴史観を批判しており、きわめて画期的なものであった。

竹越は、明治維新を復古ではなく革命と定義する。そして、西洋の歴史と日本の幕末維新史を比較史的に概観しながら、明治維新がイギリス清教徒革命やフランス革命と同様に「乱世的革命」であったことを強調した。また、その原因として幕末の尊王攘夷思想とそれに起因した政争を挙げ、既存の明治維新＝王政復古論を批判した。竹越は、明治維新を王政復古の実現といった名分論的＝理想的なものとして理解せず、現実の政治過程と社会の変遷との関係のなかから、歴史的所産として表現したのである。

また竹越の分析手法は、維新関係史料がほとんど公開されていない時代であったにもかかわらず、蒐集可能なかぎりの文献と、関係者からの聞き取りに依拠した史料考証主義に立脚したものであった。前述したように、同時期、日本においてもドイツ流の史料考証主義が学問として確立されるが、竹越の業績は在野の立場からそれに先んじるものであった。

4　明治後期の明治維新史像

日清・日露戦後における日本社会の変貌

日清戦争とそれに続いた三国干渉の結果、日本社会は国粋主義的傾向を顕わにしていき、徳富蘇峰がそうであったように、多くの知識人たちは政府に対外膨張政策を促していった。そして、この傾向は日露戦争の勝利によって顕著なものとなり、国内社会には大国意識が定着していった。対外膨張政策を肯定し、大国意識を国内外で主張した人びとは、明治国家の歩みを正当化し、ひいては明治国家の存在理由、すなわち明治維新の歴史的正当性を誇張していった。大隈重信が『開国五十年史』（一九〇七年）において、日本が神国であることを説き、海外においては、新渡戸稲造《にとべいなぞう》が日本近代化における武士道の役割を創造した（『武士道』）ことも、まさにその典型であった。

かくして、明治後半から二〇世紀をまたいだ大正期に至る時代の明治維新論は、観念的な国家主義的色彩を色濃くしたものになっていった。それはまさに、明治維新を理想とする王政復古史観の再構築でもあったといえる。

藩閥政治と旧藩史観

明治初年以来、民権論者や民友社の人びとは、明治維新における公儀輿論の理念を指摘し、薩摩や長州など特定の「旧藩」出身者が中心を占める政府の反動政策を批判した。いわゆる「藩閥」政治批判である。ただし、藩閥的なものが一つの勢力として中央政界に出現するのは明治一〇年代以降であり、確固たる地位を占めるのは明治国家が概ね完成した明治二〇年代以降のことである。

その過程のなかで、「旧藩」の関係者たちは、成立当初こそ、明治政府の理念に協力したが、自分たちの既得権益が剥奪されていったこともあって対立し、同時に明治維新における旧藩の貢献ぶりを記録として残そうとする運動を展開し始めた。ちなみに、旧藩には、政府要人の多くを輩出した薩長土肥も含まれている。むしろ、藩閥に対決しようとした旧藩関係者の系譜は、明治政府に対する批判姿勢を終生変えることがなかった薩摩の島津久光にまで遡る。

久光の遺命によって、島津家の家史編纂委員であった市来四郎とその甥である寺師《てらし》宗徳《むねのり》が旧大名家や政府関係者の間を奔走し、特に薩摩藩出身者や宮内省関係者の賛同を得て、一八八九（明治二二）年に幕末維新史料の調査団体である史談会を設立している。薩長中心で始まった史談会は、その後、長州・土佐・水戸、岩倉・三条両家が加わる。ただし、これでは倒幕および明治政府成立に関与した旧藩の団体にすぎないので、宮内省に働きかけて、尾張・広島・会津・桑名の旧藩に対しても、幕末維新期の国事関係史料を、機密に属したものを含めて取捨せずに提出すべく達を下させている。

かくして史談会には、旧有力大名家の多くが参加し、一時は宮内省に働きかけて「明治中興史」の編纂を企図し、また旧大名家のすべてに参加を呼びかけて会員を拡大していった。「明治中興史」編纂は実現しなかったが、史談会は旧藩関係者の親睦団体として、関係者や古老による座談会の開催、『史談会速記録』の作成・刊行事業を続け、昭和初年まで存続した（大久保利謙　一九八八年）。

このほか明治中期からは、旧大名家による家史編纂や関係史料の整理・保存活動が盛んとなり、大正年間までに『防長回天史』や『薩藩海軍史』といった家史が編纂されている。一八八四(明治一七)年の華族令公布により、旧藩主が明治国家の一員と位置づけられたことも、旧藩関係者による史料蒐集・編纂活動に影響を与えたことはいうまでもない。そして、史談会や旧藩関係者の活動が、幕末期に偏重していることを考えれば、王政復古を成し遂げたのは誰なのか、必ずしも政府の藩閥関係者だけとはかぎらないことを、後世に伝えようとしていたといえる。

これに対して、「藩閥」出身である政府の要人たちは、旧藩関係者の活動に無関心であった。特に伊藤博文は、一八八九(明治二二)年、欧州留学から帰国した金子堅太郎が建議し、土方久元宮内大臣がこれに賛成した、明治維新史編纂のための事務局を宮内省内に設置する案件に対して、第一議会が開催されようとしている当時、あえて幕末の史実を詳らかにすることは、例えば禁門の変における薩長の対立感情を喚起させることになり、二三年間にわたって薩長が提携して明治政府の基礎を固め、立憲政治の時代になろうとする時に、その関係を破綻させるようなものだとして、強く反対したという(小西四郎 一九八三年)。

とはいえ、「藩閥」政治を展開した政府の要人たちと、旧藩関係者の間には、明治維新を王政復古の理念でとらえる点で共通しており、国内社会に根付いたナショナリズム意識は、両者を結合させる可能性をはらんでいた。そのため、政局が安定すると同時に藩閥政治が衰退した明治末年になると、元老と位置づけられるようになった政府の要人たちが、自分たちの功績を明治維新の歴史のなかに位置づけようとしたとしても不思議はなかった。

かくして、伊藤がハルピンで兇弾に斃れた翌年の一九一〇(明治四三)年、井上馨・松方正義を始めとした薩長土肥の元老による維新史料蒐集団体設立の請願となり、皇室の下賜金によって、彰明会が設けられた。そして翌一九一一年には官制が敷かれ、同会は、文部省の管轄下に置かれて維新史料編纂会となり、関係各所からの史料蒐集や聞き取り調査をおこなっていったのである。

維新の英雄たち――王政復古史観の周辺――

明治中期は英雄ブームであり、幕末維新関係の人物が盛んに論壇で取り上げられるようになっている。ただし、その描き方は、国民が期待する人物としての英雄論であった。これが明治後半になると、実証的な伝記が執筆・編纂されていった。

勝田孫弥は、一次史料を駆使して『西郷隆盛伝』(五巻、一八九四~九五年)の執筆を成し遂げ、続いて『大久保利通伝』三巻(一九一〇~一一年)を刊行した。特に後者は、大久保の伝記であると同時に、見事な薩長中心の幕末維新史として叙述されている(大久保利謙 一九九八年)。

また渋沢栄一は、主君であった徳川慶喜の名誉を回復させるため、私財を投じた伝記編纂を企図して、広汎な史料を蒐集させ、歴史学者の萩野由之(東京帝国大学教授)に委嘱して『徳川慶喜公伝』全八巻(一九一八年)を完成させた。同書は、広汎な史料蒐集をおこなった点で維新史料編纂会に先んじ、またそれを民間の立場でおこなった点で特筆すべきものがある。さらに同書は、徳川幕府の側からみた見事な幕末史の叙述で貫かれており、薩長に対する批判も数多く含まれているが、王政復古・明治政府を肯定している点では限界があったといわなければならない。編纂計画の途中で、慶喜の名誉が回復されて華族に叙せられ、政府の一員となったことが少なからず影響しているからである。

このほか、宮内省編纂の『孝明天皇紀』(一九〇六年)や『岩倉公実記』(一九〇六年)は、豊富に一次史料を掲載した実録形式の伝記であるが、当然、王政復古史観の立場から執筆されている。

こうした伝記類は、今日においてもなお、掲載史料が研究に引用されることがあり、その価値が損なわれていないが、王政復古史観を前提としたものであったことを否定すべきではない。実証的な幕末維新期の伝記・評伝であっても、明治維新を理想的なものとして描くことが、一つの条件になっていたのである。

佐幕派史観と王政復古史観

『徳川慶喜公伝』について紹介したので、佐幕派による明治維新論と王政復古史観との関係についても言及しておかねばならない。

佐幕とは勤王に対立する表現であり、幕末政局における親幕派のことを指すが、明治になっても使用され、特に藩閥が形成されてからははっきりといわれるようになった。すなわち、「薩長の天下となった後に、なおこの大勢に反撥を感じてすでに倒れた旧幕府の立場に肩を持つ旧幕臣派」(大久保利謙 一九八六年)であり、反薩長派のことである。明治における佐幕派は、幕末当時、決して勤王の意志がなかったわけではないが、やむなく政局において薩長と対立した結果、朝廷に対して弓を引くことになったと主張したのである。ここでは広義の意味で、旧幕臣だけでなく、明治政府に抵抗した旧東北諸藩や、長きにわたり井伊直弼の名誉が回復されなかった彦根藩の人びとなども佐幕派に含めることにする。

佐幕派の人びとは、明治二〇年代になると、雑誌『旧幕府』(戸川残花編纂、一八九七年創刊)などで幕末の往事を回顧し始めている。憲法発布や議会開設など社会が大きく変化しようとしていた当時、幕末維新を回顧する歴史ブームが巻き起こっていた。明治維新が漸く過去とみなされたのである。そうしたなか、佐幕派はあえて自分たちの軌跡を語り始めたのであるが、回顧といってもその動機はさまざまであった。

旧幕臣関係としては、早くは木村芥舟『三十年史』（一八九二年）のような回顧録がある。他方、福地源一郎『幕府衰亡論』（一八九二年）・同『懐往事談』（一八九四年）・同『幕末政治家』（一九〇〇年）の三部作は、薩長中心の幕末史に対抗した旧幕府の立場からする幕府衰亡の幕末史であり、回顧よりも史論に属する。またその執筆意図には、これら三冊が民友社から刊行されていることからもわかるように、当時の藩閥政府に対する旧幕臣の立場からする批判の意図があった。

外国奉行の下で外国語翻訳や通詞業務に従事した福地は、遣欧使節に随行した経験があったとはいえ、下級の幕臣にすぎず、幕末政局の経緯を知るはずがなかった。ゆえに徳川幕府がなぜ滅んだのか、みずからの体験談や伝聞をふまえながらも、基本的には「論じる」しかなかったのである。事実、論調も、対外関係の記述においては自らが関与した分野であるため詳細に語っているが、その他については伝聞や推論による記述が大半を占めている。

その点では、幕臣時代からの福地の知友であった田辺太一『幕末外交談』（一八九八年）のほうが、純粋に幕末外交を語っている点で興味深い内容となっている。

旧彦根藩関係のものは、旧幕臣よりも早く、特に島田三郎『開国始末』（一八八八年）が有名である。同書は、「公用方秘録」など、当時は門外不出であった井伊家史料を用いて、大老井伊直弼の名誉を回復しようとしたものであった。当然その背景にも、明治政府（藩閥政府）による王政復古史観批判があったことはいうまでもない。また、『開国始末』の内容をより詳細に記したのが、中村勝麻呂『井伊大老と開港』（一九〇九年）であるが、これは開港五〇年祭における横浜での井伊直弼銅像建設問題に啓発されたものであった。

朝敵の扱いを受けた東北諸藩のうち、会津藩と仙台藩はその中心的存在であった。北原雅長『守護職小史』（一八九九年）・同『七年史』（一九〇四年）・山川浩『京都守護職始末』（一九一一年）は、幕末における会津藩による公武一和政策の正当性と、忠実な勤王的態度を強調したものであり、藤原相之助『仙台戊辰史』（一九一一年）は、戊辰戦争時における仙台藩の立場を擁護したものである。

これら東北諸藩関係のものはいずれも、旧藩の汚名挽回という動機で記されたものであり、明治末年でなければ社会問題化したであろう。しかし、完成された明治国家ではそれも許容されたのである。

藩閥政府を批判し、王政復古史観に基づく明治維新史を批判した佐幕派史観であったが、同時に旧幕府や佐幕派諸藩がいかに薩長土藩と同じく勤王的態度であったのか、場合によっては薩長土以上に勤王的態度であったのかを均しく強調し、決して明治維新の結末を否定しているわけではなかった。結局のところ、佐幕派史観もまた、王政復古史観の変調論といわざるをえないのである。

5　大正・昭和戦前期の明治維新史像

大正デモクラシーと明治維新

為政者や知識人たちの恣意的な歴史像にすぎなかった明治維新史が、近代日本の歴史の一齣として、広く国民のなかに定着したのは、大正デモクラシーといわれた大正年間から昭和初年にかけての時代である。明治を過去と捉え、客観的な歴史像を抱くことができるようになった時代であり、特に尾佐竹《おさたけ》猛《たけき》や吉野作造に代表される憲政史的維新観が登場した時代であった。またこの時期には、明治以来の第二維新論が、引き続き「大正維新」論として提起され（宮澤誠一　二〇〇五年）、それがテロ事件やクーデタを引き起こす思想的源泉となった「昭和維新」論につながっていった。依然として、明治維新を理想像とみなし、社会変革を訴える潮流もまた厳然と存在していたのである。

ただし、この頃の社会に明治維新史を定着させたのは、むしろ大衆文学や雑誌とのつながりというべきであろう。既に郷土の英雄として偶像化されていた西郷隆盛などが、さまざまな文学作品や評伝によって国民の英雄として定着しただけでなく、坂本龍馬のように偶像で塗り固められた英雄もこの時代に至って国民のヒーローになっていった。さらに、新撰組のような、それまでの時代ではとりあげられることがなかった（許されなかった）浪人や草莽の存在も、明治維新史の一齣として社会に認知されるようになった。白柳秀湖、吉川英治、中里介山、子母沢《しもざわ》寛《かん》、平尾道雄など、そうした作品やその著者を挙げれば枚挙に暇がない（宮澤誠一　二〇〇五年）。また、明治維新史が国民の間に定着した背景の一つには、一九二三（大正一二）年の関東大震災を指摘しなければならない。

震災の被害をうけた帝都東京周辺では、復興が進むなか、人々の意識に大きな変化が生まれた。多くの為政者や知識人たちは、明治という時代のなかで築きあげられた社会が一瞬にして崩壊し、その後の混乱のなかで、明治という時代が創りだしたさまざまな社会矛盾を直視させられたことで、過去を見つめ直そうとする動機が生まれ、そして新たな時代・社会をいかに創出すべきかという問題意識を抱いていったのである。明治維新史が、広く文学作品としてとりあげられ、国民に支持されたことも、そうした新たな時代の潮流であったのである。

また、震災後の帝都復興計画の流れのなかで、生活環境の変更を余儀なくされた人びとは、それまでの時代では歴史的価値があるとはみなされなかった多くの史料や書物を処分しようとしていた。東京・神田神保町の古書店街などに大量供出された史料群に注目し、従来は歴史としてみなされなかった明治文化の研究が、先に紹介した尾佐竹猛や吉野作造たち、そして彼らが設立した明治文化研究会の同人たちによって始められたことも、震災後の新たな潮流である（大久保利謙　一九八六年）。ただし尾佐竹や吉野たちは、たんに古き良き時代としての明治文化を懐古するのではなく、従来の歴史学が見過ごしてきた明治の社会・文化をふまえた政治史や、その成立事情から明らかにすることが憚られる要素のあった憲政史研究を新たな時代の学問として志したのである。かくして、社会・文化の視点を加えた明治維新史研究が、幅広い視野を有した学問として確立・発展していったということができる。

ただし、現在からみれば再検討すべき余地も生じている。例えば尾佐竹猛は、近代日本の成立を王政復古から説き起こす薩長藩閥の歴史観に対して、大政奉還や五箇条誓文の成立過程、幕末・明治初年における公儀政体思想を詳細に紹介し、それを明治以降の立憲政治の潮流に結びつけた（尾佐竹猛　一九三四年）。

尾佐竹の業績は、明治維新を理想的な歴史像とみなす潮流が、王政復古、すなわち天皇政府の成立だけでなく、五箇条の誓文に代表される公儀政体思想にもあったことを明らかにした点で、今日に至るまで高く評価されている。しかし、尾佐竹が公儀政体思想の潮流に位置づけた、坂本龍馬の有名な新体制構想である船中八策などは、史料的根拠が、まったく不明である。

尾佐竹は大審院の判事であったが、歴史学者ではなく、大正・昭和初年の時点で閲覧できる史料には限界があった。であるからこそ、広く社会のなかに残された史料に価値を求め、新たな維新史像を構築しようとしたわけであるが、現在からみれば、いささかの性急さを覚えざるをえない。もっとも、むしろ批判されるべきは、公儀政体思想を大正デモクラシーの潮流、ひいては戦後民主主義の潮流に直結させ、坂本龍馬のような偶像的英雄をして語らせたことに疑問を抱かなかった、後学とその後の社会であることはいうまでもない。

唯物史観と日本資本主義論争

大正デモクラシーの頃とほぼ同時期、日本には社会主義思想が浸透していった。そして、歴史学の世界にも、マルクス主義歴史学（唯物史観）の方法論が持ち込まれ、明治維新史を理念的ではなく客観的・科学的に究明しようとする流れが生まれていた。

その先駆けとしてとりあげられるのが、堺利彦「ブルジョアの維新――経済的に見たる維新前後の社会――」である。これは『解放』一九二一（大正一〇）年新年号の特集「明治維新期の新研究」に寄稿されたものであり、『堺利彦全集』第六巻には「維新史の新研究――資本主義革命、ブルジョア革命――」として改題収録されている。

堺は、明治維新を階級と社会経済史の視点から概観し、西洋諸国と比して、下級武士や商人階級による資本主義革命であり、またブルジョア革命であると結論づけた。

その後、歴史学界では堺の小論に注目した羽仁五郎が、「精算明治維新史研究」（羽仁五郎　一九二八年）および「明治維新史解釈の変遷」（羽仁五郎　一九二九年）で従来の明治維新史研究の諸類型を整理・批判したうえで、「学問的客観的なる明治維新史解釈」（同右）がどこに求められるべきかと問うた。そして、唯物史観による分析である服部之聡《しそう》『明治維新史』（初版・上野書店、一九二九年）および野呂栄太郎『日本資本主義発達史』（刊行は一九三〇年）を「聖なる嬰児」（羽仁五郎　一九二八年）の業績として高く評価すると同時に問題点を指摘し、「プロレタリアト」の立場からするブルジョア革命的理解こそ、科学的・客観的な明治維新史解釈（羽仁五郎　一九二九年）であると結論づけたのであった。

羽仁がプロレタリアートの立場からする歴史理解を主張したことは、大正末年から昭和初年にかけて、マルクス主義思想がいかに学問の世界に浸透しようとしていたかを物語っている。

一九一七（大正六）年のロシア革命は、日本の知識人たちに多大な影響を与えたが、続いて一九一九（大正八）年にソビエト共産党によりその国際支部であるコミンテルンが結成された。これにより、日本でも共産主義活動が活発化し、一九二二（大正一一）年には非合法の日本共産党がコミンテルン日本支部として組織された。共産主義者たちはコミンテルンの作成した政策綱領により、国際共産主義革命の実現を目指して活動した。日本の場合、革命遂行のための現状分析にあたり、天皇制国家の成立経緯をいかに理解すべきかが問題になった。当初、コミンテルンが日本共産党に与えた一九二七（昭和二）年テーゼでは、明治維新はブルジョア革命であると定義されていた。しかし、日本国内に残る前時代的（封建的）遺制に着目して、まずブルジョア市民革命を実現させた後、プロレタリアート革命を遂行するとする二段階革命戦略がとられることになったため、一九三二（昭和七）年テーゼでは、天皇制国家の成立は絶対主義の段階であると、明治維新の理解が変更されたのであった。

この二つのテーゼが、共産党とつながる知識人や学者たちに与えた影響は多大なものがあったと想像される。人民史観と呼ばれた独特の学風を標榜した羽仁のように自説を展開するものもいたが、服部や野呂たちの明治維新史像は、テーゼに即した内容に、微妙に書き換えられていった。

そして、野呂栄太郎たちが編集した『日本資本主義発達史講座』（岩波書店、一九三二～三三年）は、まさに一九三二年テーゼに即した近代日本史像を提示したものであった。同書が日本の学問に与えた影響は多くの研究が指摘することであるが、東京帝国大学国史学科出身の羽仁を除けば、寄稿者がすべて社会科学の学問を専攻していたことに注目する必要がある。

戦前の日本では、大学の史学科に属するものが明治以降の歴史を専攻することは、さまざまな制約からほとんど困難であった。卒業後も、大学や史料編纂機関で職を得て、日本近代史を研究することができたものは、きわめて例外的な存在であった。

史学出身者がこのような事情である以上、共産主義思想に共鳴した社会科学者たちや労働運動家たちが、政治や経済問題、労働問題などに関する現状批判をおこなうことは、政府による取締・弾圧の危険を意味していた。ゆえに、彼らは政治的なメッセージを過去の歴史に織り込むことで、暗に政府批判を展開しようとしたのである。しかし、当時の思想状況のなかで近代日本の歴史像を詳細に描けるはずはなく、叙述の時期もまた比較的史料が公開されていた明治維新期にとどまらざるをえなかった。史学史の観点からみたとき、野呂や服部の業績は、日本のマルクス主義歴史学を大きく前進させたものといえるが、結局、明治維新史の大まかな見取り図を描いたものにすぎず、『日本資本主義発達史講座』所収の各論考も同様であったといわざるをえないのである。

また、そうした『日本資本主義発達史講座』に拠った論客たちに対して、大内兵衛や土屋喬雄たちが、日本に残る封建的遺制を誤解しているとして、彼らを批判していった。大内や土屋たちの批判は、雑誌『労農』においてなされることが多かったため、労農派とよばれた。講座派と労農派の論争は、日本資本主義論争として、戦後の社会科学の基礎をなすものと評価されている。しかし、時代は既に自由な論争ができる状況ではなく、政府の弾圧によって短期間で終わったのであった。

ここでとりあげたマルキストたちの明治維新史像は、決して理念的ではなく客観的であったことが強調される

（井上清　一九五八年）。しかし、彼らが描きたかったのは、明治維新史像ではなく日本近代史、ひいては現代日本社会の見取り図であったとことを忘れてはならない。当時の社会状況・研究状況からその点がはっきりと強調できなかったのである。マルキストたちにとって、明治維新史は近代日本を理解するための反面的な理想像であったといえるのかもしれない。

維新史料編纂会と『維新史』

文部省の管轄下に設置された維新史料編纂会（および維新史料編纂事務局）は、アジア太平洋戦争中に事業の集大成となる『維新史』全六巻（一九三九〜四一年）・『概観維新史』（一九四〇年）を刊行した。そのため、皇国史観の関連事業に位置づけられることがある。『維新史』・『概観維新史』の刊行は、天皇機関説問題に端を発した一九三五（昭和一〇）年の国体明徴声明を直接の契機としているからである。ただし内容的には、明治維新を王政復古による天皇制政府の成立に求め、その背景の一つに近世における尊王論の発達を強調し、そして幕末政局の推移と明治期における天皇制国家の確立過程が詳細に叙述されている。つまり、典型的な王政復古史観の産物にほかならない。

またそもそも、維新史料編纂会の主たる事業内容は、関連史料の蒐集・「大日本維新史料稿本」の編纂であった。関東大震災や蒐集史料の膨大さから、当初の一五ヵ年編纂計画が大幅に遅延したことで、国体明徴声明に接することになり、通史編纂が新たな事業に加えられたのである。ただし、第二代総裁の金子堅太郎は、当初から史料編纂後の通史構想を模索していたという。

わずか五年で刊行された『維新史』『概観維新史』は、形式的に王政復古史観の産物であったとはいえ、編纂局員であった小西四郎は、その度合いがそれほど濃くないと指摘している〔小西四郎 一九八三年〕。小西がこのように指摘するのは、両書が依拠した「大日本維新史料稿本」の史料的性格にあった。

維新史料編纂会が設置されるにあたって、藩閥間の対立が事業に影響を与える懸念があったことはすでに述べた。設立時のメンバーには、勝田孫弥（薩摩）・坂崎斌《かん》（号・紫瀾《しらん》、土佐）・岩崎英重（号・鏡川《きょうせん》、土佐）・村田峰次郎（長州）など、藩閥色の濃い人選がおこなわれていたが、次第に大学の国史出身者に代わっていった〔小西四郎 一九八三年〕。編纂官の一人には、史学出身者による外交史研究のパイオニアとなった大塚武松（遺著に『幕末外交史の研究』）などもいた。さらに、戦後の明治維新史研究を主導した若き井上清や遠山茂樹も編纂官補として在籍していた時期があった。

そのため、史料の蒐集活動も、当初は藩閥的な色彩をもつ人物がその任にあたっていたが、『維新史』を分担執筆した森谷秀亮が「もちろん、われわれ仕事をする者は、一方に都合のいい史料ばかりを全国から集めるか、反対側の立場にある者の史料はわざと集めないというようなことは、毛頭考えていないのです」（座談会「維新史研究の歩み〔第一回〕」）と回顧しているように、次第に学術機関の性格を増していった。その結果、完成した稿本には、広汎な史料が採録されている。イギリス議会資料やフランス外務省文書などの在外史料からも関係記事が採録されている。当時の時代的制約を考えれば、小西や森谷の主張もうなずけるのである。

国内に広く流布された『維新史』『概観維新史』の影響は多大なものであった。その膨大な通史は、今日においてもなお、明治維新史の叙述のあり方に影響を与えており、日本人が王政復古史観を脱却できない根拠になっているといっても過言ではない。王政復古史観を脱却できない以上、明治維新観は抽象的な理想像になってしまう。そしてこの傾向は、明治維新史研究が学問的制約から解放された戦後においても同様なのであった。

展望・戦後の明治維新史研究

戦後の明治維新史研究を語るにあたって、唯物史観の影響を無視できない。その代表的な業績として、一九五一年に刊行された遠山茂樹『明治維新』および井上清『日本現代史Ⅰ　明治維新』の二書が必ず挙げられる。両書の着眼点は異なっている。遠山は、戦前では必ずしも自由に描くことのできなかった政治史を中心とした、唯物史観の立場にたつ社会構成史を描こうとした。井上は同じく唯物史観の立場にたちながらも、幕末の階級闘争と対外的な危機意識が生み出したナショナリズム意識の萌芽と国家的独立を強調した。人民史観とも評された羽仁五郎の明治維新論（羽仁五郎　一九五六年）を発展させたものであった。両者の間には論争が生じ、それがさらなる研究の進展を生み出している（鵜飼政志　二〇〇二年）。

敗戦直後の日本では、連合国軍による占領下という状況もあって、国家的な独立と日本の将来が盛んに論じられた。明治維新の歴史は、過去に学ぶ教訓として、広く興味をもたれたのである。この傾向は、高度経済成長期直前、一九六〇年代前半まで続いた。

ただし、戦後の明治維新史研究が、戦前を否定したうえで成立したわけではなかった。遠山も井上も、維新史料編纂会の業績や戦前に刊行された日本史籍協会叢書（『大久保利通日記』や『木戸孝允日記』など、多くの維新史関係史料を復刻）などを基礎史料としながら、現代社会に対する強い関心を重ねながら自らの明治維新論を展開したのであった。そして、さらなる研究の進展がみられたのは、遠山や井上に続く世代の田中彰や芝原拓自が登場した一九六〇年代以降のことである。また、政府が挙行した明治百年祭は、さまざまな議論を巻き起こしたが、それを契機としてさらなる維新史関係史料が公開・復刊された。

その後、日本社会の成長・安定とともに唯物史観の影響は廃れ、明治維新史研究は停滞していったが、冷戦崩壊後の一九九〇年代以降、郷土史的関心などのもと、新たな展開をみせようとしている。

こうした戦後の明治維新史研究には、必ずしも研究者のすべてが自覚しえないでいる根本的な二つの問題を抱えている。

まず、維新関係史料を史料学的観点から再検証すべきという問題である。現在でも、研究が依拠すべき基礎史料は、維新史料編纂会時代の編纂物や、その副産物といえる日本史籍協会叢書、あるいは旧藩関係の編纂史料である。これら戦前期に編纂された史料については、必ずしも原史料との照合がおこなわれていない、あるいは意図的な改竄のおこなわれている可能性のあるものが存在する。しかし、こうした問題について、一部の研究者はそのことを自覚していたが、ほぼ検証されることなく研究が進展していったのである。関係史料の再検証は、学界に課せられた今後の課題なのである。

次に、明治維新の描き方である。明治維新とは何であったのか。学問的制約のなくなった戦後の研究は、詳細な次元に至るまで、維新の歴史を語ることが可能になったが、その性格規定や叙述方法については、戦前の流れを踏襲しているといわざるをえない。もっとも顕著なのは、例えば歴史教科書をみれば一目瞭然であるが、今日においてもなお戦前の天皇制国家と色濃い関係のある王政復古史観でしか明治維新を描けないでいることである。明治維新史研究の分野でも、歴史の発展を重視し、戦前のタブーであった天皇制批判さえも学問の範疇となったが、巨視的に研究を概観したとき、その描き方（編別構成）は、戦前のものとさほどの差がない。こうした点は、戦後もしばらくは自覚されなかったことであり（座談会「「明治百年」と国民の歴史意識」一九六七年）、今日においても王政復古史観は国民の間に意識的・無意識的に浸透している。明治維新は、つねに一つの歴史的理想像としてあり続けているのである。

二一世紀に入り、明治維新史はかつてほどの関心は持たれなくなったが、研究はさらに詳細を究め、われわれはその歴史像を書き換えるだけの素材を持ちえている。しかし、明治維新をいかに描くにせよ、その叙述には理念的な一つのシナリオを介在させ続けている。明治維新は理想的であったのだろうか。最新の研究成果を含めて概観した時、理想というよりも紆余曲折を経た歴史的所産の結果とみなすほうが、自然な歴史の描き方と考えるのであるが、現在のところ、そうした維新史像は多くない。それは、明治維新が近代の出発点であり、日本がそれを理想像としてみなしながら歴史を歩んできた結果だからなのだろうか。近代の日本にとって、明治維新は簡単に忘却できない歴史であったことだけは確かなようである。

主要参考文献

〈史料〉

植木枝盛「明治第二ノ改革ヲ希望スルノ論」(『海南新誌』第五号、明治一〇年九月二二日、『海南新誌・土陽雑誌・土陽新聞　全』弘隆社、一九八三年)

大隈重信「開国五十年史論」(副島八十六編『開国五十年史』上巻、復刻、原書房、一九七〇年)

川口武彦編『堺利彦全集』第四巻(法律文化社、一九七一年)

川口武彦編『堺利彦全集』第六巻(法律文化社、一九七〇年)

後藤靖編『自由民権思想』上(『資料　日本社会運動思想史』第一巻、青木書店、一九五七年)

宮内省御蔵版『大政紀要』(文教会、一九一二年)

太政官編『復古記』第一冊(内外書籍、一九二九年)

竹越与三郎『新日本史』上・下(岩波文庫、二〇〇五年)

徳富猪一郎「隠密なる政治上の変遷（一）」（『国民之友』第一五号、民友社、一八八八年）
徳富猪一郎「維新改革史に関する管見（一）」（『国民之友』第六五号、民友社、一八八九年）
徳富猪一郎「維新改革史に関する管見（二）」（『国民之友』第六六号、民友社、一八八九年）
徳富猪一郎「維新革命史の反面」（『国民之友』第二〇七号、民友社、一八九三年）
新渡戸稲造（矢内原忠雄訳）（『武士道』岩波文庫、一九三八年、原著英文、一八九九年）
人見一太郎『第二之維新』（民友社、一八九三年）
福沢諭吉『文明論之概略』（岩波文庫、一九九五年）
吉野作造「明治文化の研究に志せし動機」（『新旧時代』一九二六年四月、『吉野作造選集』第一一巻、岩波書店、一九九五年）

〈文献〉

井上　清『日本現代史Ⅰ　明治維新』（東京大学出版会、一九五一年）
井上　清「明治維新史研究の歴史と現状」（歴史学研究会編『明治維新史研究講座』平凡社、一九五八年）
鵜飼政志『幕末維新期の外交と貿易』（校倉書房、二〇〇二年）
大久保利謙『佐幕派論議』（吉川弘文館、一九八六年）
大久保利謙『日本近代史学の成立』（大久保利謙歴史著作集七、吉川弘文館、一九八八年）
大久保利謙『明六社』（講談社学術文庫、二〇〇七年）
尾佐竹猛『維新前後に於ける立憲思想』（中文館書店、一九三四年）
小西四郎「文部省維新史料編纂会　文部省維新史料編纂会事務局小史」（大久保利謙・小西四郎『「維新史」と維新史料編纂会』吉川弘文館、一九八三年）
座談会「「明治百年」と国民の歴史意識」（『歴史学研究』第三二〇号、一九六七年）
座談会「明治維新史研究の成果と課題」（『日本歴史』第二三六号、一九六八年）
座談会「維新史研究の歩み（第一回）―維新史料編纂会の果した役割―」（『日本歴史』第二四六号、一九六八年）
座談会「維新史研究の歩み（第二回）―明治文化研究会をめぐって―」（『日本歴史』第二四七号、一九六八年）

座談会「維新史研究の歩み〔第三回〕―経済史からみた維新史研究について―」（『日本歴史』第二四八号、一九六八年）
座談会「維新史研究の歩み〔第四回〕―服部・羽仁史学の果した役割（上）―」（『日本歴史』第二四九号、一九六九年）
座談会「維新史研究の歩み〔第五回〕―服部・羽仁史学の果した役割（下）―」（『日本歴史』第二五〇号、一九六九年）
座談会「維新史研究の歩み〔第六回〕―明治憲政史を中心として―」（『日本歴史』第二五一号、一九六九年）
田中　彰『明治維新観の研究』（北海道大学図書刊行会、一九八七年）
遠山茂樹『明治維新』（岩波書店、一九五一年）
遠山茂樹『戦後の歴史学と歴史意識』（岩波書店、一九六八年、のち、同『遠山茂樹著作集』第八巻所収、一九九二年）
長岡新吉『日本資本主義論争の群像』（ミネルヴァ書房、一九八四年）
羽仁五郎「精算明治維新史研究」（『新興科学の旗のもとに』新興科学社、一九二八年）
羽仁五郎「明治維新史解釈の変遷」（史学会編『明治維新史研究』冨山房、一九二九年）
羽仁五郎『明治維新史研究』（岩波書店、一九五六年）
宮澤誠一『明治維新の再創造』（青木書店、二〇〇五年）

二　癈　兵

――戦傷病者の戦争と戦後――

大内雅人

きのうの日本には、癈兵《はいへい》の生活が身近にあった。東京からなくなったものとして、四方田犬彦は傷痍《しょうい》軍人を挙げている。

傷痍軍人が消えてしまった。わたしが最後に見かけたのは一九九五年暮れの討入りの日に泉岳寺の境内で、「平和祈願」という額を掲げながら石畳のうえに跪いている白衣の老人ひとりだった（「特集　東京からなくなったもの　消えた街角、思い出の風景」『東京人』第二〇〇号）。

近代日本は戦争の連続だった。つねに生まれ続けたのが癈兵である。常用漢字では廃兵とつくる。もはや戦えない兵士の意味である。その後、傷痍軍人と改称し、現在では戦傷病者という。

戦争は、兵士たちの身体や精神にさまざまな影響を与えた。極度の緊張による神経の疲れ、銃弾・砲弾・爆撃による怪我、また、極めて悪い生活環境による結核、脚気、マラリア、伝染病――これらが兵士たちを苦しめた。戦争の時期・戦域によってその実態は様々であるが、多くの兵士が傷つき、病に倒れたのである。

戦地で命を落とした戦友は英霊となった。無傷で帰還した戦友は英雄であった。そのいずれでもない戦傷病者は廢兵であった。彼らが負った一生癒えることがない戦傷病とは、かつて軍人であったことの証明であり、軍人でなければ戦傷病を負わなかった幾許かの悔いでもある。戦傷病者にはアンビバレントな感情が根底にある。

戦地で傷つき病に倒れた戦傷病者たちは、戦後どのような人生を家族とともに歩んだのだろうか。兵士の日記・証言ならびに軍医の日記、戦傷病者とその家族の証言記録（オーラル・ヒストリー）を通じて、戦傷病者の歴史を紡ぐ。

1　西南戦争と日本赤十字社の設立

一八七七（明治一〇）年の西南戦争で政府軍は、多くの負傷兵を出し、六〇〇〇名を超える戦死者を出した。『軍団病院日記抄』（参謀本部陸軍部編纂課『征西戦記稿附録』）によれば、田原坂に近い高瀬の激戦地で負傷者二〇〇人余が、数ヵ所の寺院に収容されたという。負傷者は小繃帯所から大繃帯所を経て病院へ送られ、さらに長崎・福岡から、大阪の臨時病院へと移送された。

西南戦争の負傷兵の一人として、後の総理大臣、寺内正毅がいた。近衛歩兵第一聯隊第一大隊第一中隊長であった寺内大尉は、田原坂の戦闘で、右腕に銃弾を受けた。傷病名は上腕《じょうわん》骨折《こっせつ》貫通《かんつう》銃創《じゅうそう》であった。当時の外科手術では、銃弾の鉛毒感染を防ぐため、肩から切断するのが一般的な処置だった。『石黒忠悳懐旧九十年』によると、寺内の場合は、ランゲンベック関節切断により、汚染された骨片のみを取り除くことができた。この手術により、寺内は右腕の上腕骨三分の一を失ったが、腕を残すことが出来たのである。その後、軍務に復帰したが、右腕で敬礼できず、左腕で敬礼することが明治天皇から許されたという。一八九九（明治三二）年、陸軍大将となった寺内は陸軍軍医学校を訪れて、右腕をX線で撮影した。撮影されたレントゲン写真は、東京・三宿駐屯地にある陸上自衛隊衛生学校内、戦時医療史料館「彰古館」にて展示中である。貴重な医学資料となるほどに、寺内の右腕温存は幸運にめぐまれた事例であった。この話をモチーフに、渡辺淳一氏が直木賞受賞作・小説『光と影』を執筆したことはよく知られている。

一八七七年三月三一日、大阪の鎮台病院の負傷者を見舞われた皇太后と皇后は、手製の綿撒糸（ガーゼ）や見舞品を送り、傷病兵の看護に手を尽くすように述べた。このことがきっかけとなって同年四月六日、佐野常民と大給恒が西南戦争における傷病兵の平等救護のために「博愛社設立願書」を右大臣岩倉具視に提出した。「博愛」とは、韓愈の『源道』における「博愛之謂仁」（博愛之を仁という）が由来である。博愛社社則は五ヵ条からなった。

第一条　本社の目的は戦場の創者を救ふに在り、一切の戦事は曾て之に干せず

第二条　本社の資本金は社員の出金と有志者の寄付金とより成る

第三条　本社使用する所の医員看病人等は衣上に特別の標章を著し、以て遠方より識別するに便ず

第四条　敵人の傷者雖も、救ひ得べき者は之を収むべし

第五条　官府の法則に謹遵するは勿論、進退共に海陸軍医長官の指揮を奏すべし

その後、一八八七年、日本赤十字社が設立され、飯田橋（現在、千代田区飯田橋三丁目）に新築の事務所を置いた。西南戦争の救護活動を行った博愛社が、日本赤十字社のはじまりである。

2　日清・日露戦争における傷病兵と医療従事者

日清戦争の場合

一八九四（明治二七）年の日清戦争では、参謀本部が編纂した公式の戦史によれば、陸軍の戦死者は一万三四八八人、傷病者数は二八万五八五三人である。海軍では、戦死者は九〇人、負傷者が一九七人である。野戦病院では、外傷以外に、疾病・脚気・赤痢が蔓延した。いわゆる戦病である。華々しい戦死など稀であり、内実は、水・食糧の確保と衛生に労力を割いた戦争であった。

前述した博愛社による、最初の救護となった西南戦争における看護要員は、すべて男性の看護長、看護手、看病夫であり、その大部分は看護夫であった。その後、女性看護師すなわち看護婦が養成された。一八八八（明治二一）年七月の磐梯山噴火、一八九〇（明治二三）年九月のトルコ軍艦沈没事故、一八九一（明治二四）年一〇月の濃尾大地震、一八九六（明治二九）年六月の三陸大津波などで、看護婦の救護作業がなされた。

とくに、一八九四（明治二七）年八月一日、日清戦争の宣戦布告とともに、陸軍大臣から日本赤十字社宛てに、広島陸軍予備病院へ救護員を派遣するようにとの指令が届いた。最初の日本赤十字社救護班三〇名が新橋駅を出発、広島へ向かった。看護婦取締の高山盈《みつ》をはじめとする看護婦二〇名が加わり、女性救護員が初めて戦時救護に従事することになった。東京の日本赤十字社病院をはじめ、豊橋・名古屋・大阪において、清国傷病兵の救護も行った（吉川龍子　二〇〇一年）。

日露戦争の場合

一兵士・茂沢祐作の日記に日露戦争での受傷体験が記録されている。茂沢は、一八八一（明治一四）年に長岡で生まれ、一九〇二（明治三五）年から新潟県新発田の歩兵第一六聯隊に入隊した。一九〇四（明治三七）年一二月から上等兵として出征、一九〇五（明治三八）年四月に伍長となり、同年一二月に復員し除隊した。戦後は、東京牛込揚場町で毛織物卸商・紳士服仕立業を営み、一九四六（昭和二一）年に六五歳で死去した。茂沢祐作は、一九〇四（明治三七）年一〇月一一日、三家子付近にて左下腿に盲管銃創《もうかんじゅうそう》を受けた。その後、一九〇五（明治三八）年三月一〇日、右大腿部に貫通銃創を負った。左の引用はその際の記事である。

午前八時頃より午後四時頃までの射撃に、節約したけれども弾は尽き、いよいよ前進突撃に移り、前面の攻撃目標たりし山を去る五、六十メートルの所に至りしとき、右側五、六百メートルの所より射ち出す弾のため、右大腿に貫通銃創を受け、残念ながら歩行の自由を失し、衛生隊に収容されて仮繃帯所《かりほうたいじょ》に至り、川辺の道路に夕方の寒い風を吹きさらさること数時、午後十時頃に至りようやく担架に送られて発着部に至り、例の赤札を付せられて繃帯を交換してもらい、支那人家屋に入り数日の疲労に前後不覚に睡眠せり。ああ自分はなぜ不運であろう。また死も得せでまた負傷（茂沢祐作　二〇〇五年）。

これはとても貴重な記録である。傷病兵自身が日記を認《したた》めることは、極めて困難であり、稀なことだったからである。一般に、受傷記録の多くは軍医によるものであった。多くの傷病兵を診察・治療した、加藤健之助陸軍軍医の日記には、一九〇五（明治三八）年一月二五日から一九〇六（明治三九）年三月一四日まで、壮絶な、第一線の軍陣医療の現場が克明に記されている。

［明治三八年］

一月二六日〔略〕午後六時頃より負傷者一時に増加し、我重傷部の室内に満ちて各々苦痛に堪えざるものの如く、手術を早く受けんとし、或は身体の自由を失して担架上に苦悶するものあり。また一隅にありて助けを呼ぶあり、小生等衛生隊員は死に物狂となりて目をまわしつつ傷者を手当し、其夜ついに傷者の尽くることなかりしき。

一月二七日〔略〕此ノ夜は前日より手を洗ふ間なく遂に赤色なる血液の附着したるままの手を以て煙草を呑み、または食事をなしたり。〔略〕

一月二八日〔略〕この夜、我師団は黒溝台に向て決死の士を以て夜襲をなしたるも、その効力なきのみならず、数多くの死傷を生じたるため折角の夜襲も効なく遂に退却の止むを得ざるに至れり。為にその夜は一層負傷者多く殆ど昏迷する許りなりしためにこの夜も一睡もせず。食事は常に二食にて働けり（加藤健之助一九八〇年）。

加藤軍医が所属した第八師団が参加したのは、黒溝台戦と奉天会戦という日本軍が苦戦を強いられた戦闘であった。第一線部隊の軍医の役目は、弾雨のなかで負傷者を収容し応急手当をほどこし野戦病院に後送することである。当時の軍陣医療体制は、第一線に衛生隊が仮繃帯所《かりほうたいじょ》を開設して負傷者を収容して応急手当をほどこし、野戦病院に後送することであった。次に、野戦病院で応急の手術など行ったのち、後方の兵站《へいたん》病院に送り、短期間で治癒の見込みがあるものはそこで入院させた。さらに後送する必要があるものは、大連などに設置された、設備が良い定立病院に送り、病院船によって国内に還送して、予備病院に入院するシステムになっていた。病院船として、日本赤十字社「博愛丸」「弘済丸」が使用された。激戦になると、軍医は弾雨のなかで不眠不休の勤務を強いられて、危険性は兵士たちとほとんど変わらなかったのである。

日露戦後の癈兵

日露戦争後の世論は、徴兵忌避と避戦から、軍隊を礼賛し出征兵士と戦没兵を讃えるものへと変化していた。その一方で、多数の癈兵たちは切手や専売となった煙草の小売業権を優先的に得て社会復帰をはかったが、自活できないものも多く、癈兵であることで喜捨を乞うなど社会問題になった。一九〇五（明治三八）年、山県有朋から「癈兵院設立の意見」が提出され、一九〇六（明治三九）年に「癈兵院法」が制定された。

帰還した傷病兵を、周囲の人々はどのように見たのか。伊井春樹氏は、英国の博物学者リチャード・ゴードン・スミス（一八五八〜一九一八）の日記を翻訳し、その解釈を試みている。

大阪駅で彼が目にしたのは、六、七百人いると思われるおびただしい数の負傷兵で、プラットホームに横になったり座り込んだりして病院へ運ばれるのを忍耐強く待っているのだ。まったく悲惨な光景というほかなく、それ以上にむごいのは大阪駅の橋にいる負傷兵で、彼は難波駅へ行くにはそこを通らなければならなかった。階段に並ぶ長い兵士の列は、ゆっくりと担架で運ばれていく。大半は重傷者で、多くの者は眼をとじ、青ざめた顔色をしており、すでに死んでいるのも明らかな者がいる。誰も群がって見る人はなく、異様な光景にはまったく関心を示さず、何が原因でこの事態が生じているのかにも無関心を装っているのか冷たいまま、人々は足早に通り過ぎてしまう（伊井春樹　二〇〇七年）。

日本人の礼儀として同情を直接顔や態度に出すのは、はしたないとの思いがあるからにほかならない、とスミスは指摘した。また、町の人びとは悲惨な有様を知っているだけに、近寄って慰めるのはむしろ相手の心を傷つけることになりかねないと思いやっているためだと、冷淡に通り過ぎる人々の姿を、スミスは解釈している。この感覚は、太平洋戦争後の白衣募金者に対するそれと共通する。

傷病兵が生かされたことは、軍医・衛生兵・看護婦など医療従事者のお陰であった。英国人の写真家H・G・ポンディング（一八七〇〜一九五三）が、このように記している。

三週間近くの間、私は毎日の大半を、二万人以上の負傷兵が収容されているこの病院〔広島の陸軍病院のこと〕の方々の病棟で過ごした。その後、松山にあるロシア人捕虜のための病院で一週間過ごした後で、日本の看護婦こそまさに慈愛に溢れた救いの女神だと、心底から感じたのである。その優しい心遣い、病院の中を妖精のように素早く動き回る優雅な動作、病人の希望にすぐに応じられるような絶え間ない心配り、疲れを知らぬ気力と献身、その忍耐と熱意、患者に対する丁寧な態度、包帯を洗って交換する優しい介抱ぶり、こういったものすべてが、日本の婦人は世界のどこの婦人たちにも負けない女性としての最高の美徳に溢れていることを示している。彼女たちはかくも気高く、かくも誠意をこめて、義務と人間愛の要請に応えたのだ（H・G・ポンディング　二〇〇五年）。

乃木式義手

日露戦争の廃兵関連資料として、いまに伝わるものの一つに、乃木式義手がある。この義手は、日露戦争で両腕を切断された廃兵のために、従来にない作業用能動義手を作ろうという乃木希典陸軍大将の思いに動かされて、石黒忠悳《ただのり》陸軍軍医が開発したものである。乃木式義手は、一九一一（明治四四）年のドレスデン衛生博覧会にも出品された（大内雅人　二〇〇七年）。

乃木式義手が生まれるきっかけは、乃木が廃兵に対して強く心を寄せていたことにある。東京巣鴨の廃兵院には、学習院院長の乃木希典がたびたび慰問に訪れている。日露戦争における二〇三高地攻略において、乃木希典が率いる第三軍は、三回にわたる総攻撃で、戦死者一万五三九〇人、負傷者四万三九一四人、戦病者約三万人にのぼる損害と引き換えに、旅順を陥落させたことが想起される。

ところで、乃木式義手が説明されるとき、しばしば言われる、乃木式義手によって、巻煙草が吸えるようになったという評価はいったい何を意味しているのだろうか。一兵士にとって、喫煙は戦場における、つかのまの慰安であり、勤務中に眠ってしまうことを避ける手段でもあった。両腕が切断されて、日常生活もままならず、巻煙草すら吸えない労苦は筆舌に尽しがたい。

また、義肢研究に長年たずさわった保利清陸軍軍医によれば、義足と義手には相当の違いがあるという（保利清 一九四三年）。足の機能は体重支持と歩行が主なるものだから、断端を鍛えて体重を支えても痛くないようにすれば、義足の場合はすぐに適応できる。それに対して、手は機能が非常に細かいので義手訓練は難しいのである。巻煙草が吸えるぐらいに、物を強弱つけて掴めることが可能となった乃木式義手の発案は、画期的なことであったといえよう。

乃木式義手は、単に実用されたか否かという医学史の視点だけではなく、人生を前向きに生きるための器具という戦傷病者の視点こそが、今後の研究に望まれることであろう。現在の義肢装具の制作や改良にも通じる点だと思われる。

3　日中・太平洋戦争における戦傷病者とその家族の証言記録

二〇〇六（平成一八）年三月、東京・九段下で開館した、しょうけい館（戦傷病者史料館）にて、筆者は戦傷病者の労苦を今に語り継ぐという研究課題に取り組んでいる。とくに、緊急の課題が、戦争体験者が少なくなってきた現在、戦傷病者とその家族の証言記録（オーラル・ヒストリー）の収録と編集ならびに関連資料の収集作業である。ここでいう証言記録とは、御厨貴氏らによるオーラル・ヒストリーすなわち「公人の、専門家による、万人のための口述記録」（御厨貴　二〇〇二年）とは性格が異なる。筆者の調査は大多数の兵士たちに対するものであり、筆者が作業の中で模索していたのは、社会学のライフヒストリー（桜井厚・小林多寿子　二〇〇五年）を参考にしながら、戦傷病者の体験を記録することであった。

調査では戦後六五年の現在だから語れる労苦、いまだに語れない労苦に向き合わなければならない。戦争で負傷し病に倒れた戦傷病者は高齢者かつ身障者であり、心の傷がある。筆者は、非常にデリケートな問題を扱うことの意義と難しさを痛感し、その家族の協力と理解を得るためのコミュニケーションの大切さを学んだ。

ここでは、戦傷病者とその家族の証言記録を三つ紹介する。

大日方邦治さんと義手

大日方邦治さんは、一九四一（昭和一六）年一〇月、土浦海軍航空隊の第九期「甲種飛行予科練習生」となった。一九四三（昭和一八）年一二月一四日、偵察飛行のため九七式飛行艇で飛びたち、右腕右足に受傷した。戦後、電気工事士の資格を取るために、物をつかめる「能動義手」を製作した。妻は傷が痛む夫を献身的に支えた。働くための義手を外した今、想いは亡き戦友たちへの慰霊にむかっていた。

「なぜ能動義手を作ったのか」という質問に対して、大日方さんからの答えは、「御賜の義手や作業義手では仕事ができないから。きっかけとなったのは、第一九回アカデミー受賞の米国映画「我等の生涯の最良の年」（一九四六年制作、原題 The Best Years of Our Lives 監督ウィリアム・ワイラー）を見たこと」というものであった。大日方さんは、電気工事士として実用できる義手を欲していたのであり、制作にあたっては、多くの試行錯誤があった。この義手は、戦傷病者であり義肢装具士である大日方さんの努力の産物といえるだろう。その義手について、以下のように振り返っている。

（腕が）ないほうに義手をつけるから重い……仕事ができるけど苦痛なんです。定年（退職）で良かったと思うこと、それは仕事自体ではなく、毎日義務として義手をつけなくてよいということ。いわば、開放感かな。

たとえ、どんなに便利な能動義手があっても、その辛さは本人しか分らないほど甚大なものであった。

遠藤今朝三《けさぞう》さん・マサ子さんと義足

遠藤今朝三さんは、一九三九（昭和一四）年三月、山砲兵第三三聯隊第六中隊に転属した。一九四一（昭和一六）年五月八日、中原会戦に参加中、山西省曲沃県で受傷した。臨汾《りんぷん》の陸軍

図1　大日方邦治さん

病院で右足の切断手術を受けた。内地還送となり、臨時東京第一陸軍病院で八ヵ月にわたる療養生活が始まった。一九四四（昭和一九）年一〇月二日、遠藤マサ子さんと結婚した。戦後、足が不自由な夫とともに、妻も精一杯に働いた。

本記録では、戦傷病者の夫からは軍隊生活から受傷に至る戦中の労苦を、妻からは結婚・子育てなど戦後の労苦を、次女からは両親のことについて聞くことができた。とくに印象にのこった言葉は、義足についてである。

義足は私たちにとっては、なくてはならないものです。このことは私たちのように大腿部より切断した者でなくては知ることができません。

遠藤ご夫妻には、証言映像の撮影中、療養中の想い出の『写真帳』を見ながら、臨時東京第一陸軍病院一七外科病棟について話していただいた。今朝三さんが一番うれしかったこと、それは「車の免許が取れたこと」であった。マサ子さんは、左脚を失った傷痍軍人と知りながら、今朝三さんと結婚した。一九四五（昭和二〇）年四月、新婚生活を送っていた神奈川県川崎市で、空襲にあった。そして長男を失ったのである。

戦傷病者にとって、家族の支え、とくに妻の支えは欠かせない。つまり、戦傷病者の妻を含めた家族生活史が必要であり、その場合、オーラル・ヒストリーこそが重要な方法の一つであろう（酒井順子　二〇〇三・二〇〇四・二〇〇八年）。

水木しげる（武良茂《むらしげる》）さんと布枝さん

漫画家・妖怪研究者として著名な水木しげる（本名・武良茂）さんは、一九四四（昭和一九）年に南方ラバウルで左腕を失った傷痍軍人としても、広く知られている。島根県の商家で生まれ育った布枝さんは二九歳の時、東京都で貸本の漫画雑誌に執筆していた水木さんとの縁談を持ちかけられた。お見合いしたあとにすぐに結婚した。東京都調布市での新婚生活は貧乏で、苦しく苛酷なものだった。本記録では、漫画への情熱で厳しい試練を乗り越えた水木しげるさんと、夫を支えた武良布枝さんの人生を知ることができた。

武良布枝さんは、結婚式のときの義手の想い出を次のように記している。

神主さんにお払いをしてもらい、三々九度をすませると、みんなで記念写真をとりました。水木と私が寄り添うように座らせられたのですが、そのとき、水木の左にはめた義手に私の体があたり、「コツッ」と小さな音がしました。その音を聞いたとき、ああ、私はこれから何度も何度も聞くだろうと思いました。

実は、水木は義手をはめるのが大嫌いで、「結婚式だから絶対にはずすな」と母親からいいわたされていたために嫌々はめいていたのだということを、私はまったく知りませんでした。結婚式の後、水木はもう二度と、義手をはめませんでした。コツッという音を聞いたのは、それが最初で最後となりました（武良布枝二〇〇八年）。

以下、「いつもそばにいてくれた～ゲゲゲの女房・武良布枝さんの証言映像」上映会に関連しておこなわれたトークイベント（二〇一〇〔平成二二〕年九月一一日、千代田区民ホール）の記録を一部再編集して、戦傷病者の歴史に関わる部分のみ論点をまとめてみたい。

水木しげる作品のなかで、戦傷病者の体験が克明に表されているのは、『総員玉砕せよ！』（講談社、一九九五年）や『水木しげるの娘に語るお父さんの戦記』（河出書房新社、一九九五年）が挙げられる。飯塚頼寿さん（布枝さんの甥）によれば、執筆の時期は、水木さんが「自分は生かされている、戦友が自分を見ている」と思って

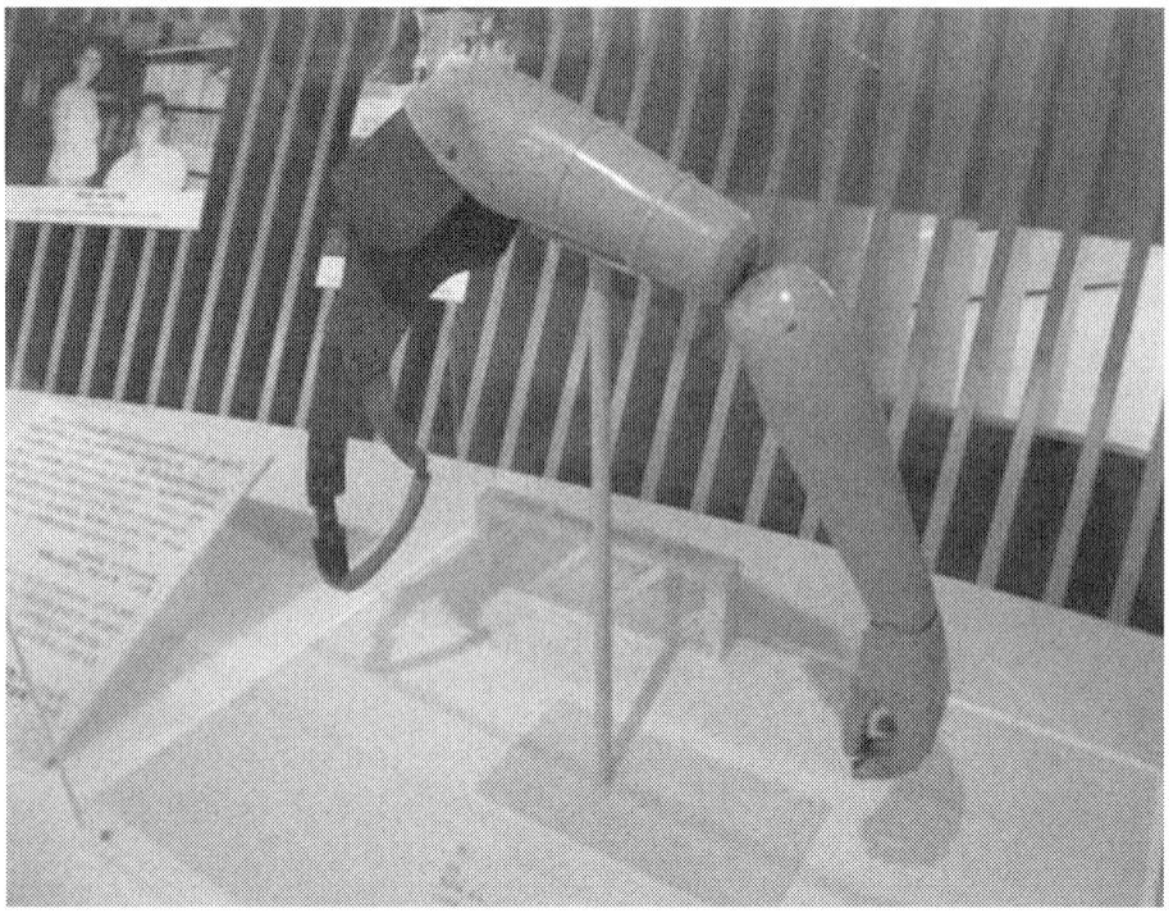

図2　水木しげるさんの義手

いたときであるという。「「おとうちゃん」と「もうひとり別の人格」があった時期に、自らの戦争体験を漫画にしたのである。その背後にあるのは、戦傷病者としての臨死体験ではないだろうか」との指摘があった。

また、戦傷病者の労苦というのはいっさい感じられず、水木さんについて思い出すことといえば「何でもかんでも出来ること」に尽きるそうだ。不自由を感じるのは、ネクタイを一人で結べないことで、右手だけで止められるように自転車のブレーキを改造していた点が挙げられる一方、左腕がなくても泳ぐのが早く、マッチも片手で擦ることができる、水木さんは「なんでも出来る」伯父であるそうだ。当時の想い出として、肩を他人に揉ませなかったことがある。身体をねじって原稿を描くために、右肩はガチガチだった。しかし誰にも揉ませず、一人で本箱やタンスの角にゴリゴリ押しつけていた姿が忘れられないと、飯塚さんは振り返った。

『ゲゲゲの女房』を編集した鈴木宏昌さんは、戦争体験がある漫画家として水木さんの体験談は貴重であると述べた。水木さんは、少年期から培われた生きる知恵で、戦場も戦後も生き延びることができた。戦傷病者は、生きているありがたみを知っている人びとという言い方もできるのではないだろうか、と述べた。戦争体験者の世代は、後世に残る良いものを作った世代である、あたりまえの生活への感謝があることは、より充実した人生を送ることができると述べた上で、鈴木さんは、「厳しい時代を生き抜くために、考え方をひとつ変えることで、みなグッと変わってくるのではないか」と話した。

戦傷病者の妻である武良布枝さんの生き方、「終わりよければ全てよし」がなぜ、いま多くの人々に共感を生むのかという筆者の質問については、戦後の日本、とりわけ昭和三〇年代、必死に生きた女性の生き方が多くの方々に見られたこと、それが根底にあるだろうとの回答であった。武良布枝さんが語る「水木の漫画は怖いし、妖怪なんて何が良いのか分からない。でも、あれだけ好きなことを頑張って来たんだから、いつか報われる。それを信じてきただけ。来るべき時がきた」という言葉に、その全てが言い尽くされているのであろう。

本企画展とイベントのきっかけは、二〇〇七（平成一九）年、長野県での証言映像収録であった。戦傷病者ご本人は自らの苦労を語らないけれども、いつもそばにいた妻の視点で明らかになる場合があったからである。水木ご夫妻もそうだが、「自分が苦労している」とは口にせず、「今になってみれば、幸せだった」と振り返った。戦傷病者とその家族が労苦を乗り越えた現在だから、話すことができた。水木しげるさんにとって、右腕のみでマンガを描くことの苦労は計り知れない、しかしハンディキャップとは思わず、前へ前へと進む生き方は、多くの戦傷病者の共通点であろう。

おわりに

以上、現在では馴染みがない廢兵を題材にして西南戦争から日中・太平洋戦争までの戦傷病者の歴史を概観した。また、現在進行形の作業として、戦後第三世代の著者が、戦傷病者とその家族にお会いして、受傷体験と戦中・戦後の生活について伺ったことをまとめた。

戦後六五年を過ぎた現在も、戦傷病者とその家族の労苦は続いている。このような労苦の体験を二度と繰りかえさないよう、後世に語り継いでいくことの重要性を説きたい。また、戦傷病者が生活するうえで、家族の支え、とくに妻の支えをぬきには語れない。戦傷病者とその妻が互いを支えあった人生の歩みを、記録に遺すことが必要であろう。

主要参考文献

〈史料〉

薄田貞敬編『石黒忠悳懐旧九十年』（石黒忠篤、一九三六年）

加藤健之助『日露戦争軍医の日記』（ユニオン出版社、一九八〇年）

国会図書館所蔵『軍団病院日記抄』（参謀本部陸軍部編纂課『征西戦記稿附録』所収）

保利　清『義肢に血が通ふまで』（汎洋社、一九四三年）

茂沢祐作『ある歩兵の日露戦争従軍日記』（草思社、二〇〇五年）

〈文献〉

伊井春樹『ゴードン・スミスの見た明治の日本―日露戦争と大和魂―』（角川学芸出版、二〇〇七年）

大内雅人「学習院大学図書館「乃木文庫」からみる乃木式義手―乃木希典と石黒忠悳と癈兵―」『人文』第六号（学習院大学人文科学研究所、二〇〇七年）

大濱徹也『庶民のみた日清・日露戦争　帝国への歩み』（刀水書房、二〇〇三年）

大濱徹也『乃木希典』（講談社、二〇一〇年）

ポール・トンプソン著、酒井順子訳「オーラル・ヒストリーの可能性と日本との関連」『三田学会雑誌』九六巻三号（慶應義塾経済学会、二〇〇三年）

酒井順子訳「ポール・トンプソン氏に聞く　オーラル・ヒストリーの可能性を開くために」『歴史評論』第六四八号（校倉書房、二〇〇四年）
酒井順子『市民のオーラル・ヒストリー　歴史を書く力を取り戻す』（川崎市生涯学習財団かわさき市民アカデミー出版部、二〇〇八年）。
桜井厚・小林多寿子編『ライフストーリー・インタビュー　質的研究入門』（せりか書房、二〇〇五年）
「特集　東京からなくなったもの　消えた街角、思い出の風景」『東京人』第二〇〇号（都市出版株式会社、二〇〇三年）
防衛ホーム新聞社『彰古館―知られざる軍陣医学の軌跡―』（防衛ホーム新聞社、二〇〇九年）
御厨　貴『オーラル・ヒストリー　現代史のための口述記録』（中央公論新社、二〇〇二年）
武良布枝『ゲゲゲの女房』（実業之日本社、二〇〇八年）
吉川龍子『日赤の創始者佐野常民』（吉川弘文館、二〇〇一年）
渡辺淳一『光と影』（文藝春秋、一九七五年）
H・G・ポンディング（長岡祥三訳）『英国人写真家の見た明治日本　この世の楽園・日本』（講談社、二〇〇五年）

掲載写真　しょうけい館（戦傷病者史料館）所蔵

三　博覧会と植民地
——植民地帝国日本の顕示欲——

伊藤真実子

はじめに——博覧会で何をみせようとしたのか——

二〇一〇（平成二二）年、上海で万国博覧会が開催された。中国で初めての万博開催である。日本には一九七〇（昭和四五）年に大阪で、二〇〇五（平成一七）年に名古屋での万博開催経験があるが、日本での万博開催は明治初年以来の念願であった。というのも、不平等条約の改正を主眼とし、欧米と対等な一等国となることを国家目標にすえていた明治政府は、日本が欧米列強と対等な地位を得たことを国内外に示す指標として万博の開催を考えていたからである。戦前にも、日露戦捷記念博、そして紀元二六〇〇年記念万国博覧会など、繰り返し万博開催計画が立てられたが、いずれも途中で頓挫し、実際には、一九七〇年の大阪が初の万博開催となった。大阪万博は、戦後の経済復興を国内外に示し、現在は、戦後の経済成長の象徴として記憶されるものとなった。

万国博覧会への日本政府としての公式参加は、一八六七〈慶応三〉年パリ万博への幕府の参加が初めてであった。つづいて一八七三〈明治六〉年ウィーン万博に、明治政府として初めて公式参加して以降、欧米各地で開催される博覧会に政府は積極的に参加していった。ウィーン万博への参加経験は、国内での内国勧業博覧会の開催へとつながった。

内国勧業博覧会は、大久保利通内務卿が殖産興業政策の一環として提唱したことにより始まり、明治期に五回開催された。第一回（一八七七〈明治一〇〉年）、第二回（一八八一〈同一四〉年）、第三回（一八九〇〈同二三〉年）が上野公園で、第四回（一八九五〈同二八〉年）が京都、第五回（一九〇三〈同三六〉年）が大阪で開かれた。内国勧業博は欧米の先進技術を展示し、出品物を競争させることによる技術の伝播と向上などをその開催目的としたが、回を重ねるにつれ娯楽要素が加わり、その内容の質は変化していった。たとえば、電灯や電飾、電車などは当時の最先端の科学や技術の展示でありながら、観客の間では娯楽として楽しまれるようになっていった。

日清戦争後に開催された第五回内国勧業博は、新しく日本の版図となった台湾が、台湾館として会場内に建てられた。この当時の万博は、帝国主義を体現する場であった。欧米諸国は、それぞれが所有する植民地のパビリオンを会場内に建てて観客の人気を得ており、第五回内国博の台湾館は、その要素の導入であった。また当時の万博で人気を博していたものに、植民地から現地の人々を連れてきて展示してみせる、いわゆる「人間展示」があった。会場内に植民地集落を再現し、現地から連れて来た人々をそこで生活させ、展示物として観客が見るというものである。一八八九年パリ万国博覧会が最初であり、これ以降の万博でも繰り返し行われるほど人気を博し、第五回内国博にも同様のものがつくられた。アイヌ、台湾、朝鮮半島、沖縄、清国、インド、ジャワ、トルコの人々が連れてこられ、人類館という名称の施設で展示されるべく準備された。しかし韓国、清国、沖縄の人々から主催者へ抗議があり、彼らの展示は中止された。ただし、人類館自体が中止されることはなく、中止要請のなかった国、地域の人々が展示された。

五回をもって政府主催の内国勧業博覧会は終了したが、その背景には日露戦争での勝利、条約改正などに象徴される国家目標のある程度の達成があった。それゆえ、欧米とならぶ一等国となったことを国内外に証明するべく、政府は万博開催を計画する。ただし財政難などの理由により計画段階で中止となったが、その一方、国内の博覧会は、政府による主催から、道府県などの地方自治体や新聞社、百貨店などの企業が主催するものへとかわっていった。

博覧会とは、国外、国内での開催を問わず、日本とはどういう国か、ということを示す場である。日本政府にとって万博は、欧米諸国に対して日本という国の存在を知らせるための機会であり、とりわけ参加しはじめた当初はそうであった。不平等条約下にあった当時、万博は日本が自身の状況を主導的に発信できる場であったからである。政府は部門別の展示会場のみならず、会場内の日本地区に建てた日本館、日本庭園、そこで催した宴会、日本を紹介する本の出版などさまざま方法で日本がどのような国なのかを説明した。やがて戦争を経るごとに日本の領土は拡大し、植民地を有する国となったが、そのような領域の変化は、博覧会においてどのように展示されたのであろうか。

結論を先に述べると、その展示は当時の現状そのものというよりも、政府が描く将来の日本の領域を先取りするものであった。たとえば、日露戦争中の一九〇四年セントルイス万博では、まさにロシアと戦闘をくりひろげている満洲地域を、あたかも既に日本が領有している地域かのごとく展示した。つまり万国博覧会での日本は、その領域も含め、現在の日本そのものを見せるのではなく、将来ありたい日本を見せる場であった。明治期に参加した万博や、第五回内国勧業博に関しての考察は、拙著『明治日本と万国博覧会』に詳しいゆえ、ここでは主に日露戦争以降に開催された国内外の博覧会を対象に、新たに獲得した版図をどのように展示し、見せていたのかを考察する。とりわけ、一九三三年シカゴ万博で建てられた満鉄館に注目する。一九三三年シカゴ万博は、同年三月に満洲問題への対応をめぐり日本が国際連盟を脱退した年に開催された万博である。つまり国際連盟、および当時の国際社会で争点となっていた満洲が、満鉄館の名称で日本の敷地内に建てられたわけである。そこで満鉄館が建てられる経緯、および万博会期中の満洲をめぐる宣伝活動などを詳しくみる。

1　国内における植民地展示

一九〇七年東京勧業博覧会

日露戦争の後、政府は第六回内国勧業博覧会の開催を中止し、かわりに日本大博覧会の名称で万博を開催することを決定した。しかし、日露戦後の財政危機などの理由により計画は最終的には頓挫した。その一方で、きたるべき万博開催にそなえるとして、東京府の主催で東京勧業博覧会が開かれた。第一会場の四号館そばには人類館が、第二会場には台湾館が建てられた。人類館は第五回内国勧業博と同様、人類学者坪井正五郎が監修しているが、内容は坪井が東京で発見した土器などの陳列を展示し、そこから日本人の祖先を見せるというようなもので、人間を展示した第五回内国博の人類館とはその趣旨を異にした。

この博覧会は、夏目漱石が『虞美人草』で、「博覧会は当世である。イルミネーションはもっとも当世である」

と書き、博覧会を竜宮城にたとえている。東京にいる宗近一が妹である糸子に「博覧会へ行って台湾館で御茶を飲んで、イルミネーションを見て電車で帰る」と言う場面がある。ここからも、台湾館とイルミネーションが当時の博覧会の娯楽要素の役割を担っていたことが伺える。なお、漱石にはイギリス留学中に一九〇〇年パリ万博を訪れた経験があった。

この博覧会は、入場者が六〇〇万人を超えており、第五回内国博覧会の入場者数（約四三五万人）と比べてみても、それまでの政府主催の内国勧業博とかわらない人気であった。この博覧会を見物したジャーナリスト横山源之助は、「博覧会と地方人の来集」と題して、博覧会の観客の多くは、地方出身者の東京人であると指摘する。確かに、膨張しつづけていた東京市には、地方出身者が多かった。また、漱石の『虞美人草』の場面設定がそうであるように、地方出身者の家族、縁者が田舎から出てきた場合も、東京見物の一環として博覧会を訪れることが多かった。

拓殖博覧会

日露戦争により日本の領域はさらに拡大したが、これらの地域を主題とした博覧会が、上野と大阪で開催された。一九一二（大正元）年一〇月一日から一一月二九日まで上野公園で開催された拓殖博覧会と、翌一三（大正二）年四月一五日から六月一三日まで大阪の天王寺公園で開催された明治記念拓殖博覧会である。上野での拓殖博が人気であったことから、大阪でも同種の博覧会が開催された。上野公園は第一回から第三回、天王寺公園は第五回の内国博が開催された場所である。

どちらかといえば、未開、未熟として描かれる地域を主題としている拓殖博覧会は、これまで政府が主催してきた先端技術の伝播や技術競争を主題とした勧業博覧会とは、開催目的が異なる。また、それまでの万博、内国勧業博の主要管轄官庁は農商務省であったが、拓殖博は拓務局や拓殖関係者が中心となって開催された。

この当時、日露戦争による樺太の南半分領有、関東州の租借地、そして韓国併合へと連なっていく一連の日本の版図拡大にともない、それらの地をどうするかという国策上の問題が浮上した。軍事的脅威（ロシア）を主眼にした軍備拡張政策と、植民地経営をどうするかという二つの政策をめぐり、しばしばどちらに比重を置くかということが問題となった。軍備拡張を唱える山県有朋、寺内正毅《てらうちまさたけ》らなどに対し、植民地経営に積極的だったのが桂太郎、後藤新平である。一九〇八（明治四一）年七月に発足した第二次桂内閣では、後藤新平が逓信大臣として入閣した。後藤はこれまでに台湾総督府民政長官として台湾での植民地経営の業績があり、日露戦争後の一九〇六（明治三九）年には満鉄の初代総裁に就任、満洲経営につとめた経験があった。後藤の入閣は、将来拓殖省を新設し、大陸政策を積極的におこなうためであった。拓殖省は植民地の鉄道や逓信事業を担う予定であり、それゆえの後藤の逓信大臣としての入閣である。一九一〇（明治四三）年には、内閣直属の拓務局が設置された。

桂—後藤路線は、植民地経営に積極的であったが、第二次桂内閣の前後をつとめた第二次および第三次西園寺内閣は軍拡路線であった。日露戦争で新たに領土を獲得したとはいえ、植民地を経営するという思想が常に主導的であったわけではなかった。

上野で開催された拓殖博覧会は、一九一二（明治四五）年三月三一日、築地香雪軒にて創立協議会が開かれたことに端を発する。野田卯太郎（東洋拓殖会社監事）、山本悌二郎（台湾製糖株式会社専務）、井上角五郎（北海道炭鉱鉄道株式会社専務取締役・衆議院議員）、鶴原定吉（中央新聞社長・衆議院議員、元韓国統監府総務長官）

などが発起の中心であった。そこに元田肇《もとだはじめ》（拓殖局総裁）、江木翼（拓殖局第一部長）、宮尾舜治（拓殖局第二部長）、内田嘉吉（台湾総督府民政長官）、荒井賢太郎（朝鮮総督府度支部長官）、平岡定太郎（樺太庁長官）、白仁武（関東都督府民政長官）などが加わり、博覧会開催についての意見交換がなされ、拓殖博の開催が決定した。当初、九月二〇日に開会の予定であったが、七月三〇日に明治天皇が死去したことにともない会期は順延され、一〇月一日に開会、一一月二九日までの約二ヵ月間で、約六〇万人が訪れた。

この博覧会の事務報告書の冒頭には、最も多くの植民地を有する国家が世界における最も強い国である、というフランスの学者の説が掲げられている。つづいて開催目的として、日清・日露戦争を経て版図を拡大し、植民地を有するようになったにもかかわらず、新しい領域における経済状況を詳らかにするものが極めて少ないこと、莫大な財源を投資、開発を奨励しているにもかかわらず、未だすすんでいない現状を鑑み、国民に実物教育を行ない、植民思想を喚起することがあげられた。

この博覧会は、東洋拓殖会社や、台湾製糖株式会社など植民地経営に携わっている人物の主導のもと、拓殖関係の省庁が賛同して開催に至った。彼らは、日露戦争で新たな領土を獲得したとはいえ、植民地を経営するという思想がいまだ浸透していないという現状認識を抱いていた。

開催期間中は博覧会に関することが新聞などで度々報道されたが、それを通じて植民地、植民地経営という思想が宣伝された。『東京朝日新聞』では、それぞれの館の展示内容だけでなく、開会の日に東京にいた修学旅行中の小学生が観覧に来たこと、皇太子（昭和天皇）が見学に来たことなどをふくめ、拓殖博に関係する記事は開会からほぼ毎日掲載された。

この博覧会は、第一部朝鮮、第二部台湾、第三部関東州、第四部樺太、第五部北海道、そして第六部参考部からなる。参考部では、朝鮮、台湾、関東州、樺太、北海道に関係のある内外の生産物が展示された。展示の敷地面積は、台湾が一番広く（三八四坪）、次いで朝鮮（二八八坪）、関東州（二一六坪）、北海道（一四四坪）、樺太（八四坪）であった。展示の出品物総数は九〇三七点、出品人総数は二〇六〇人であった。出品数も、台湾が一番多く、次いで朝鮮、北海道、関東州、樺太の順であった。

台湾館は、入り口をはいると台湾の阿里山の檜で作った京都法然院の正門模型が展示され、館内の四方には、台湾の打狗《ターカウ》港、さとうきび畑、茶園、風俗を描いた壁画、各種統計が掲げられた。樺太館には剥製の動物や松がならべられ、ロシア式丸太小屋模型が展示されたほか、良質の木材がとれるとして森林地帯や、豊富な水産資源としての漁場があることなどが示された。朝鮮館の入り口には京城南大門の模型が展示され、さらに慶福宮内の慶会楼、慶州仏光寺石窟内の多宝塔の模型などが置かれた。また、朝鮮の人々の農工業のありようや、内地から移住した人々の様子を説明する展示、鴨緑江の橋梁模型や李王朝の甲冑なども置かれた。北海道館の正門は、楡の皮をはった門で、その下にはきつねの剥製が置かれた。三井物産炭鉱会社、王子・富士両製紙、北海道セメントなどが生産物などを出品したほか、北海道の人口、銀行、鉄道など百般事物統計が掲示された。陳列棚の背景には、水彩画で北海道の風景画が展示された。なお、北海道のこの博覧会への参加は、北海道の開墾、植民の奨励という観点からであった。関東州館は、大連港の模型や、鶏冠山北砲台の模型で日露戦争前後の有様が再現されたほか、満洲の農民の住居を模した家屋、満鉄の出品した帝国海事協会の義勇艦第三船の模型、小野田セメントなどの会社からの出品物などが展示された。

そのほか、北海道、樺太、台湾から人々がつれてこられ、彼らの生活している姿をそのまま観客に見せるというわゆる人間展示がおこなわれた。その様子は、『東京朝日新聞』にも記事が掲載された。なお、言語学者で、アイヌ語の研究で有名な金田一京助は、毎日博覧会会場に通い、樺太から来た人々から直接アイヌ語の聞き取り調査をおこない、アイヌの叙事詩であるユーカラの翻訳をおこなった。

また会期中には、それぞれの地から観光団が博覧会を訪れた。博覧会の事務報告書には、台湾総督府の生蕃観光団、大連公民義会の関東州観光団、東洋拓殖株式会社の朝鮮人観光団が訪れた、とある。彼らのほか、修学旅行のために東京を訪れた朝鮮普通高等学校、台湾国語学校の生徒たちも博覧会を訪れた。一〇月一二日に会場を訪れた台湾の人々は、会場に連れて来られていた人々と旧交を温めた、と事務報告にある。彼らの来日、そして博覧会の訪問もまた、新聞に記事として掲載された。

大阪明治記念拓殖博覧会

上野の拓殖博が約二ヵ月間で六〇万人の入場者と人気を博したことから、翌一九一三(大正二)年四月一五日から六月一三日にかけて、明治記念拓殖博覧会が天王寺公園で開催された。大阪市は第五回内国勧業博の終了後から博覧会の開催に熱心であり、一九〇六(明治三九)年には戦捷記念博覧会を開催し、さらには第六回内国勧業博の開催を希望していた。そのなか、上野での拓殖博の盛況を聞いた大阪の実業界が、拓殖局および各植民地当局者に大阪での開催を提議し、実現にいたった。

会場は、三会場にわけられた。第一会場の勧業館では、満洲参考部、台湾部、樺太部、北海道部、朝鮮部の展示がおこなわれた。第二会場の美術館では、民芸品、美術品の展示がおこなわれた。第三会場には、風交館(活動写真)、機械館が建てられ、アイヌの祭である熊祭がおこなわれた。さらに大阪市は日清・日露での活躍を理由に、海軍大臣に対して艦隊の大阪湾回航を要請、開会当初は旗艦安芸が、会期中は出羽大将のひきいる第一艦隊が大阪湾を回航した。

第一会場の勧業館は、入り口から左回りだと台湾、樺太、北海道、朝鮮の順に一周するよう展示構成され、別館に満洲参考部が展示された。台湾が最も広い敷地であった。台湾部の入り口には、阿里山の老杉を形作った大木が展示され、その根元には東京美術学校が出品した等身大の生蕃《せいばん》人形二体が、左側には家屋が設置された。内部では、総督府出品物(樟脳《しょうのう》、石炭、各種工芸品、食料品等)が陳列され、台湾総督府の推進する各種事業の模型が展示された。そのほか黒田清輝による台湾の代表的建物の絵画、民間からの出品物(農産物、林業の産物、水産物、鉱産物など)が展示された。また、勧業館の入り口には台湾喫茶店(五〇坪)が建てられ、ウーロン茶などが出された。席料は五銭で、台北から少女四人と、監督する婦人一人が来日し、給仕にあたった。一日の入場者数は一五〇〇から二〇〇〇人で、多いときは四五〇〇人の利用があった。

樺太部の展示場では、中央に樺太特有の樹木が植えられ、その間に剥製を配することで森林の状態と、鳥獣の生息状況が表現された。鉱物、毛皮類の陳列、犬ぞり模型、酒、農産品、農家模型、ロシア式丸太家屋断面模型、日露両国間の国境模型が展示された。当時出版されていたこの博覧会の案内記には、見るべきものとして樺太の日露両国間の国境模型があげられ、日本は四方の海が国境となっており、他国との国境をたてる必要がなかったが、日露戦争の結果得た樺太の国境は自然の境界ではなく、永年の係争の結果、巨額の資金と多くの同胞の血を流すことで得られた境界であると解説された。北海道部の入り口には松前城の門が設置され、トドとひぐまの剥製が置かれた。中では、王子・富士製紙会社、北海道拓殖銀行、北海道セメント、北海道炭鉱汽船会社などからの出品物が展示された。そのほか、縮尺二〇万分の一の地勢模型と、拓殖の進歩状況を明らかにするためとして、山岳、河川、市街村落の分布、鉄道、道路、林野、国有未開地、成墾地を区別する図表などが掲示された。

朝鮮部では、朝鮮総督府と東洋拓殖会社からの出品物が展示された。朝鮮総督府の出品物は、鴨緑江の鉄橋模型、景福宮の後苑にある慶会桜模型、仏国寺多宝塔模型、朝鮮銀行出品の砂金などであった。東洋拓殖会社からは、朝鮮全土の模型（対馬海峡、九州、中国の一部も含む）、未開根地の開墾工事模型のほか、移民する際の手続きの状況を、一、会社の移民募集へ応じ、村役場での手続き、二、会社から移民の許可を得る、三、下関での乗船、四、釜山港上陸、五、移住地到着、住家の建築、農業の準備、六、付近の朝鮮人へ農業の指導、七、改良一年後、好結果に移民喜び、朝鮮人うらやむ、八、移民の増加により、社寺、学校病院などが完備、新農村形成となる、として説明する図解が展示された。

満洲参考部では、関東都督府と満鉄からの出品物が展示された。入り口には国光門が設置され、正面に「満洲参考館」という文字が掲げられた。内部は満洲式楼閣風で、旅順の保塁築城模型、陥落当時の戦状模型、南満鉄道及び安奉鉄道全線模型などが展示された。そのほか、農産品、水産品、特産品、鉱産品、貨幣などが展示された。さらに満洲日日新聞や、関東都督府、満鉄会社などが発行する書籍類が閲覧に供せられ、満洲地図や、満鉄の紹介本などが印刷、頒布された。また満鉄の主催で、満洲の実業、地理、歴史、経済などについての講演会が開かれ、無料休憩所では遼東新聞社がロシア式楼閣を建設し、満洲茶、大豆の煎餅がふるまわれた。

大阪の拓殖博覧会でも樺太、北海道、台湾から総勢一八人が連れてこられ、会場内に建てられた家屋で生活した。日本の植民地の人々を展示するということであれば、この拓殖博で展示されている朝鮮半島の人々もその対象となる可能性があった。しかし朝鮮半島については一九一〇（明治四三）年に日韓併合がなされ、また、日本から移民する場所として、とりわけ主催者の一翼を担っていた東洋拓殖会社が移民を斡旋していたことから、他の地域と比べてより本国に近い場所として、もしくは本国の延長上の地域であるという意識からその対象からはずされたようである。

このように、拓殖博覧会は、東京と大阪でほぼ同内容のものが開催されたが、同じ内容の博覧会が二ヵ所で開催されるというのは珍しいことであった。これほど観客たちの人気を博した要因の一つに、日露戦争がある。

日露戦争は、各新聞が従軍記者を出していたため通常の新聞発行だけでなく、号外の発行競争が行われたほどであった。また写真印刷の技術の進歩により、多くの写真が紙面を飾っただけでなく、『日露戦争実記』、『日露戦争写真画法』など日露戦争を特集した本、写真集が出版されたり、映画が作られたりするなど様々なメディアにより戦争が報道された。それゆえ戦争に従軍した人々のほか、銃後の人々の間でも戦地となった場所はあまねく知られていた。また、それゆえに、獲得した地域は出征兵士の働きの結果であり、銃後で支えた結果であるという強い思いを抱いていた人々も多かったであろう。実際、二つの博覧会で日露戦争での保塁、旅順港の模型などが展示され、大阪では、開会当初は旗艦安芸が、会期中は出羽大将のひきいる第一艦隊が大阪湾を回航したりするなど、日露戦争とのつながりが強調されていた。さらに両博覧会が開催された時期（一九一二〔大正元〕年一〇月と一九一三〔大正二〕年四月）は、一九一二年七月末の明治天皇の死去、およびそれに殉じた乃木希典の死去から近く、明治という時代を懐古する気分、そしてその輝かしい到達点としての日露戦争という思いを想起させる博覧会でもあった。事実、大阪での博覧会は、明治記念拓殖博覧会という名称が冠せられた。

また、日露戦後、満洲や朝鮮半島への団体旅行が当時のブームとなっていたことも、これらの地への関心の高さをうかがわせる。一九〇六（明治三九）年六月二二日、朝日新聞がろせった丸（三八〇〇トン）を借り切り、満洲、韓国の観光旅行団への参加者を募集する広告が『大阪朝日新聞』と『東京朝日新聞』に掲載された。日本で最初の団体海外観光旅行である。七月二五日に横浜を出航し、神戸、門司を経て、韓国の釜山、京城をめぐり、満洲の大連、旅順などを見物して帰ってくる約三〇日の旅行で、合計三四七人が募集された。この広告を契機として陸軍省、文部省が、適当と認めた中学以上の学校生徒については御用船の無償乗船などを認めるなど、この満韓旅行は大きな反響をおこした。その後も朝日新聞や読売新聞などがこの動きを称賛する記事を掲載し、地方の新聞も地元の学校の満韓への修学旅行を奨励する記事を掲載するなど、満韓修学旅行ブームが沸き起こった。その結果、府県レベルでの修学旅行および教員の旅行に対する助成措置がとられ、六月下旬から七月にかけて東京府、大阪府、広島県、三重県、滋賀県、香川県、鹿児島県、熊本県から満洲・韓国への修学旅行が行われた（有山輝雄　二〇〇二年）。

また朝日新聞主催の満韓旅行自体、新聞に写真つきの記事で日々、大々的に報道され、さらに人々の満韓への興味をかきたてた。このように当時は満韓地域への人々の興味が高く、それゆえこれらの地を主題とした拓殖博覧会が、東京と大阪で開かれるほどの人気を博したのであった。

平和記念東京博覧会

一九二二（大正一一）年三月一〇日から七月三一日まで、平和記念東京博覧会が開かれた。場所は、第一会場が上野公園、第二会場は不忍池畔である。第一次世界大戦の終了を記念して開催された博覧会で、東京府が主催した。第一会場には、平和館、衛生館、美術館などのほか、シベリア館、ギリヤーク館、南洋館がたてられた。第二会場には、電気工業館のほか、外国館、イギリス館、台湾館、朝鮮館、関東庁・満鉄会社出品館、樺太館、北海道館などが建てられた。関東庁と満鉄の出品館は、当時の案内書では満蒙館と称されている。北海道館、樺太館は、「白亜の建物」と評された洋館であったが、台湾館は古廟を模し、朱色の屋根、緑の高棟、内壁は淡紅色の「純台湾風」、朝鮮館は朝鮮の京城の慶会楼などの宮殿を模しており、極彩色で彩られた「純朝鮮風」、満蒙館は「純支那式」の三層楼で、極彩色、塔の上には瑞祥をあらわす龍が飾られるなど、それぞれの地の特色が強調された建物であった。

南洋館やシベリア館では、現地に住む人々の風俗や生活がわかるような生活用具などが展示された。南洋館は第一次世界大戦により赤道以北のドイツ領の南洋群島を日本が占領し、一九二〇（大正九）年に委任統治が認められたこと、シベリア館は、一九一八（大正七）年から一九二二（大正一一）年にかけてのシベリア出兵に由来して建てられた。また外国館の一部には青島民政部からの出品物が展示された。第二会場には鉄筋コンクリート造りの白い建物の外国本館が建てられ、諸外国の製品が展示され、その裏手には英米独仏などのパビリオンがあり、主に貿易の商品が並べられた。

2　海外における植民地展示

万博と植民地展示――日露戦争以前――

一方、海外での博覧会では、政府は日本の植民地をどのように展示していたのであろうか。

一九世紀半ばに起源をもつ万国博覧会は、一八八九年パリ万博が革命百周年記念として、一九〇四年セントルイス万博がフランスからのルイジアナ購入百周年記念として開かれたように、国家の祭典であり、帝国主義の祭典であった。欧米諸国は、その帝国の力を見せつけるべく、会場内で自国の有する植民地の展示に積極的であり、とりわけ開催国となるとその傾向は顕著であった。そこに集う観客も、エキゾチシズムを刺激する娯楽としてそのような展示に興味を抱いており、植民地に関する展示は、当時の万博には欠かせないものであった。それでは、日本が植民地を獲得した後に参加した万博では、植民地をどのように見せていたのであろうか。

日清戦争後に参加した一九〇〇年パリ万博では、台湾館は建設されていない。というのも、日清戦争で勝利したものの、その後の三国干渉の経験から、日本政府はむやみにこの勝利を対外的にアピールしないという方針を採ることとしたからである。ただし、次に参加した一九〇四年セントルイス万博では、台湾館が建てられただけでなく、部門別パビリオンの日本の展示区域のなかで、朝鮮半島、満洲地域をもあたかもすでに日本の領域であるかのような展示がおこなわれた。

たとえば通運館の日本展示区域では、日本と近海領域との交通事業を示すものとして、日本と近隣地域との連環を刺繍で示した地図や、日本列島、台湾島、朝鮮・満洲模型上に電信などのインフラの発達状況をジオラマで示したものが政府出品として展示された。朝鮮・満洲模型は、製作段階では模型の区域を韓国のすべてと満洲の一部をその範囲とし、満洲については博覧会会場にて増やすこととした。この模型は、参謀本部陸地測量部地図を参考に、日露戦争の作戦が協議された一九〇三（明治三六）年一〇月中旬から一一月初旬にかけて製作されたものである。当時の陸軍の方針は、韓国については絶対の確保、満洲については出来る限り前進というもので、これは朝鮮半島・満洲模型の製作段階での見解と同じである。すなわち、この模型で示す日本の領域は、当時の陸軍の方針を反映するものであった。なお、この万博には、清国は参加していたが韓国政府は参加しておらず、一方の戦争当事国であるロシアもまた、不参加であった。それゆえ、このような展示をしても係争相手国であるロシアからの抗議はなく、また清国や韓国からの抗議もなかった。

日英博覧会

日露戦争後に参加した一九一〇（明治四三）年日英博覧会は、ロンドンで開催された日本とイギリスに関する博覧会である。ただし、イギリス側の主宰者は、異国情緒を前面に押し出した見せ物を万博などでおこなっていたキラルフィーという興行師であり、博覧会の展示物は日本の出品物がほぼ大半を占め、その実質はロンドンでの日本博覧会であった。この博覧会は、キラルフィーが当時駐英大使をしていた小村寿太郎に働きかけて実現したものであり、日本政府としても見世物のように日本が扱われることに危惧を抱いていた。しかし小村は、当時欧米で広がっていた反日感情への危惧から、これを日本の真の姿を広める契機となると考え、キラルフィーの提案に同意した。その後、第二次桂内閣での外務大臣に就任すべく帰国した小村は、民間レベルを含めての日英関係の強化を目的として日英博の開催を主張し、博覧会の開催にいたった。

日英博では、日本の産業品、鉱物、生産物などが展示されたほか、日本歴史館で各時代の風俗をあらわす人形などをつかって日本の歴史が説明された。さらに会場内には日本村、台湾村が作られ、産業品、工芸品の実演製造、販売や相撲などの興行がおこなわれた。また東洋館では台湾総督府、韓国統監府による官庁出品と、南満洲鉄道株式会社による準官庁出品の展示がおこなわれた。台湾総督府からは人形をつかった台湾の人々の生活を見せる展示や、茶、木材、樟脳などの特産物が出品された。韓国統監府からは韓国全土の模型、韓国の家屋の模型、韓国人の人形、農産物などが展示された。南満洲鉄道株式会社からの出品物は、鉄道の写真や、鉄道沿線風景の写真、大豆、豆粕を満載した運搬船の模型、産出される石炭などの鉱物が展示された。

この博覧会会期中の八月に韓国併合がおこなわれたため、日本の植民地館ともいうべき東洋館で台湾や朝鮮半島を展示するということに欧米からの反発は予想されないが、満洲を展示するということは、門戸開放政策を唱えるアメリカ合衆国などからの反発が予想された。事実、満洲の展示を知った当時の駐英大使加藤高明は、博覧会開催の前年に小村外相に対して、各国への影響を考慮して満洲に関する展示を取りやめるよう助言している。しかし、満洲に関しては、関東都督府の出品ではなく、あくまで南満洲鉄道株式会社からの出品物であるとして、展示がおこなわれることとなった。またこのような背景から、この館は植民地館ではなく、東洋館という名称がつけられたのであった。

一九三三年シカゴ万国博覧会

一九三三（昭和八）年シカゴ万博では満鉄館が建てられた。万博に関していえば、最初で最後の満洲に特化したパビリオンである。この年の三月、日本政府は満洲をめぐり国際連盟から正式に脱退しており、まさに満洲が国際的に争点となっている時に、万博で満鉄館が建てられたのである。

一九三一（昭和六）年九月一八日、関東軍により南満洲鉄道線路が爆破された。関東軍はこれを中国側による爆破とし、奉天にあった張学良の軍事的根拠地などを一挙に占領した。いわゆる満洲事変である。この後、関東軍の主導のもと一九三二（昭和七）年三月一日満洲国は建国を宣言し、同年九月一五日に日本政府は建国を承認した。中華民国は国際連盟にこの事態を提訴、現地調査委員会としてイギリス人リットンを団長とする調査団が組織された。彼らは一九三二年二月末に日本に到着、その後日本、中国、満洲を視察した。九月、調査団は報告書を連盟に提出、一〇月にその内容が公開され、その後、満洲事変以降の状況について国際連盟で特別委員会が開かれた。一九三三年二月二四日、特別委員会において、満洲国の建国を認めず、日本軍の撤退を求めた対日勧告案が可決、日本代表松岡洋右が議場を退場し、三月二七日、日本は正式に国際連盟を脱退した。まさにこの時期に、日本政府は不参加を決定していたシカゴ万博への参加を決定し、満洲では満洲国執政顧問板垣征四郎と満鉄副総裁八田嘉明《はったよしあき》がシカゴ万博への満洲国の参加を表明した。

一九三三年シカゴ万博は、五月二七日から一一月一二日まで開催された。正式名称をシカゴ進歩一世紀万国博覧会という。参加国は、日本、イタリア、スウェーデン、ノルウェー、カナダ、中華民国（のちに民間）、チェコスロバキア、スペイン、モロッコ、ドミニカ、エジプト、アイルランドであった。世界的に不景気のきわみにあったため参加国は少なく、英、独、仏は不参加であった。日本政府も、財政難を理由に当初は不参加の方針であった。しかしながら、一九三二年八月六日、民間企業を中心として、シカゴ万博における日本の出品に関する業務を担うシカゴ進歩一世紀万国博覧会出品協会が設立された。設立の中心は日本中央蠶糸会と茶業組合中央会議所で、万博への参加（出品）を契機とした対米貿易の推進を考えての設立であった。さらに八月一七日から二六日にかけてシカゴ万博協会顧問のアルバートが来日、日本政府へ万博参加を要請した。この後、八月三一日に衆議院で、九月二日に貴族院で日本の参加に関する建議案が提出され、両院を通過、一〇月一四日の閣議で参加が正式に決定した。

とはいえ、シカゴ万博への政府の参加状況は、それ以前の万博へのそれと比べてみると、積極的ではなかった。これまで常であった万博への参加を専門とする役職や官制を担当官庁内に設けることはなく、民間企業団体が中心となって設立した出品協会がシカゴ万博への出品、参加業務を担当し、商工省の職員は兼任という形で参加に関する事務処理にあたった。しかも参同経費予算は合計六〇万円弱と、日露戦争と同時期に参加したセントルイス万博での予算八〇万円と比べても低予算であったのみならず、それまでの万博では出品に関する諸経費には補助があったが、今回は出品した本人の自己負担とされた。このように、政府としては財政難のなかでの消極的な参加であった。しかし、英、独、仏が不参加を表明し、参加国数が少ないことが予想される中、民間団体の参加ではなく、消極的とはいえ、あくまで日本政府としての公式参加を選択したことは、満洲に関する国際関係上の問題を抱える日本政府が、国際社会において、また米国との関係において協調外交路線をとり、米国との友好関係を演出するうえで参加が重要であると判断したからであった。

シカゴ万博を開催するアメリカ合衆国は国際連盟に加盟しておらず、満洲国に関しては、国務長官スティムソンが、満洲国非承認を鮮明に宣言していた。ただし万博という性質上、主催者としてみれば参加国が一カ国でも多いほうが成功を意味する。それゆえに、日本政府が不参加を表明していたにもかかわらず、再度参加の勧誘に主催者が来日したのであった。日本政府としても、和平親善の大事業であるこの万博に参加して、我が国の状況、文化の現況を紹介し宣伝することは日米永年の経済関係を一層密接にするだけでなく、現在の国際情勢に照らしてみても日本の現実に対する認識を高め、日米両国の和善に寄与すること甚大であると判断し、参加することを決定した、と事務報告書に書かれている。

日本館（五〇〇坪）は、万博会場内の日本地区（敷地一〇〇〇〇坪）に建設された。館内には日本の出品物（官庁の出品物と一般出品者のもの）が展示された。日本の出品を主に担った出品協会が、日本中央蠶糸会と茶業組合中央会議所などを中心に設立されたこともあり、その展示は、館内の右翼を蚕糸出品、左翼を茶業出品が大部分を占めていた。そのほか、台湾総督府が出品協会を設け、館内の陳列場で茶の輸出促進に努めた。この日本館の右隣に日本館と同じ建築様式で建てられたのが、満鉄館である。

満鉄館の設立経緯

満洲の万博参加は、のちに満洲出品協会の理事となった山下清秀が、シカゴで万博が開催されるという情報を得ると、それを駐満洲日本大使館および満鉄関係者らに伝え、板垣征四郎と満鉄副総裁八田嘉明がそれを支持して始まった。本来の当事者である満洲国は、実業部長らが出品協会理事に名前を連ねていた程度で、実際には板垣、八田、山下のような、関東軍、満鉄など満洲に関係する日本人が参加事業を推進した。

一九三三年一月五日、長春の関東軍司令部兼在満洲国日本大使館で満洲国執政顧問板垣征四郎少将と満鉄副総裁八田嘉明がシカゴ万博に参加する旨を発表した。その際、日本敷地内に満洲館を設置することが表明された。名称は満洲館ではあるが、この満洲とはあくまで満洲地方の意味であると説明された。

一月一九日、関東庁官兼駐満洲大使武藤信義は内田康哉外相に、満洲国のシカゴ万博参加を正式に伝えた。その報告を受けた内田外相は、一月二四日、武藤義雄在シカゴ領事に満洲の参加を伝えた。その際内田は、日本敷地内での「満洲館」設置は、満洲国を朝鮮、台湾と同様の日本の植民地（属領）のように感じさせ、独立国家である満洲国の表現方法としては趣旨に沿わないのではないか、との危惧を伝え、このようなことではかえって悪宣伝となると述べた。

一月二六日、武藤在シカゴ領事は内田外相に対して、博覧会の主催者側としては満洲国参加を歓迎するであろうが、外国の参加は形式上米国政府の招請となるため、満洲国として参加を申し込むならば、国務省に照会の可能性があることを指摘した。それゆえ満洲国としての独立参加には相当の困難があるゆえ、結局満鉄館という名称とするよりほかなしと回答した。また、満洲館という名称については、商工省および日本出品協会からも、満洲館よりも満鉄館の名称で満洲に関する展示をするのはどうか、という意見がだされた。この結果、二月三日、内田外相は武藤シカゴ領事に、館の名称を満洲館ではなく満鉄館とする決定を伝えた。

満洲国の参加決定、および館の名称問題が協議されていたこの当時は、まさに国際連盟の特別委員会で、満洲事変、および日本の満洲国承認が議題となっており、日本政府としてはその対応が外交上の重要問題であった。加えて、関東軍が熱河攻撃を計画、実行していた時期でもあった。のちに、国際連盟の特別委員会での対日勧告案可決を受け、日本政府は国際連盟を脱退するが、この当時、政府内の大部分は連盟脱退には消極的であった。一月一一日、内田外相は、たとえ国際連盟を脱退したとしても、国際連盟の軍縮問題に関しては脱退後も協調する、という訓令を発令している。すなわち、内田外相としては、連盟脱退をも視野にいれた選択がこの当時あったわけであるが、その脱退も日本の国際社会における孤立をすぐさま意味するのではなく、脱退後も国際連盟の枠組みに協調していくという協調路線がその根底にあった（井上寿一　一九九四年）。

したがって、満洲館の名称にこだわることなく満鉄館に変更した背景には、当時日本政府が、満洲の独立国としての承認を国際社会にむけて声高に強調していたわけではなく、非承認という国際社会の状況を受け入れながらも日本の立場、満洲に関する現状を変えることなく、その上での協調路線を模索していたことがある。とりわけ開催国アメリカの国務長官スティムソンが、一九三二年一月七日、錦州の占領を非難し、満洲の新事態を承認しないというい わゆるスティムソン・ドクトリンを表明し、満洲国非承認という立場を鮮明にしていたことも、その決断の要因のひとつになったであろう。ただし、満鉄館への名称変更は、このような国際社会との協調という意味合いだけではなく、内田外相が言っているように、日本敷地内に満洲館を設置することは、日本の植民地のような印象を与えることになりかねず、満洲国を独立国家として承認している日本の立場からいえば、それは矛盾する見せ方であった。これらの要因が重なって、満鉄館という名称に変更されたのであった。

満洲としての万博参加に当初から携わり、実際に満洲からの出品や展示の中心を担った、満洲出品協会理事の山下清秀の残した『満洲出品報告書』には、満洲館の名称は、満洲問題で欧米から白眼視される状況にあり、しかも満洲国が承認されていないアメリカ合衆国で満洲国を名乗るのは不利であると外務省が強調し、さらに参謀本部の意向も加わりそのように変更がなされたと、その経緯を書いている。さらに山下は、あくまでも対外的には満鉄館とするが、対内的には満洲館として押し通すことを決したと記していることから、満洲に関する日本人関係者としては、あくまでも満洲国としての参加、満洲館の建設という意味であった。

満鉄館として名称が決定した後、満鉄館は東京で建設される。三月七日に完成、その後一旦解体され、三月三〇日に横浜からシカゴに発送された。三月三一日、シカゴの武藤領事から内田外相に対し、満鉄館で満洲国の国旗を掲揚するかどうかと、満鉄館の展示内容についての問い合わせがあった。武藤によると、シカゴで出品業務などにあたっている楠瀬常猪事務官らが博覧会幹部のアルバートに面会したところ、内密にという前置きののち、満洲国の国旗を掲揚するかどうかと、満鉄館の出品内容を問われた、とのことであった。アルバートに、問い合わせの理由を尋ねたところ、極秘にと前置きし、国務省から博覧会事務局に対して、国務省としては米国政府が満洲国を承認していないゆえ、満鉄館が満鉄の旗を掲揚するのは差支えないが、満洲国国旗の掲揚は認め難いということと、満鉄館ではどのような出品内容なのか、という問い合わせがあったと述べた。

この問い合わせを受け、展示を担っていた満鉄は、大渕三樹満鉄東京支社長が外務省の来栖三郎外務省通商局長に対して、満洲国国旗を掲揚する意志はないことを伝え、満鉄館内で計画している展示内容についても詳細に報告した。展示内容については、のちほど詳細を述べるが、この三月末というタイミングは、すでに二月二四日に満洲国をめぐり対日勧告案が可決され、日本代表であった松岡洋右が議場を退場し、三月二七日に正式に国際連盟を脱退した後のことである。

これより前、二月二七日、スティムソン国務長官に出渕勝次駐米大使が面会した際、スティムソンから満洲問題に関しては不承認主義であるが、それに基づいて具体的な行動にでるということはないという趣旨の内容を確認した。日本の連盟脱退いかんによらず、アメリカが極東、東アジアの国際政治に積極的に介入する意志がないことを確認していた（井上寿一　一九九四年）。つまり、このタイミングで満洲国国旗の掲揚および展示内容についての問い合わせがアメリカ政府からあった背景には、三月四日に共和党のフーバー大統領から民主党のルーズヴェルト大統領に代わり、国務長官がハルへとかわったという政権交代があったことが考えられる。

満鉄館の展示、宣伝

満鉄館は、資材が到着した後、現地で組み立てられた。五月二七日の万博開会式には間に合わなかったが、六月六日に日本政府代表楠瀬事務官、武藤領事などと博覧会総裁代理アルバートらが出席して開館式がおこなわれた。日本館開会式の翌日のことである。

満鉄館の外観は日本館とほぼ同じで、正面入り口には満洲風俗の装いをつけた実物大の人形が陳列され、満洲上流家庭の生活状態が表現された。その後ろに広がる中央広間には、満洲全土の地勢を模型で表現した満洲現勢模型が置かれた。館内の左右の壁には、奉天と大連の日露戦後と現在の様子を描いた油絵が掲げられた。右側の壁前には、農家の模型と重要農産物として豆類や、狐などの毛皮類、鉱産物、木材標本など満洲の生産物が展示された。左側の壁前には、羊毛の改良工程を示す展示と、建設中であった新京の五ヵ年計画の絵が掲げられた。館内での展示に加え、満洲の絵葉書やパンフレットが入場者に配られ、入場者に展示の説明をする日系二世の女性が常駐した。

さらに満洲を宣伝するためとして、四月二三日、駐満洲大使武藤信義は内田外相に対して、満洲国の実情の宣伝、紹介のために経費五万円を用意しており、河上清もしくは、安達金之助などに協力をたのむほか、印刷物、新聞、雑誌、ラジオ、映画等を利用するつもりであることを報告した。実際、満洲出品協会理事の山下や、ニューヨークの日本領事館、満鉄事務所らが中心となって宣伝活動にあたった。

同じく四月、ルーズヴェルト大統領が六月にロンドンで開催予定の世界経済会議の予備会議の開催を提唱し、日本政府に参加を要請した。それをうけて、外務省のアジア局長、陸軍、海軍の軍事局長が、使節団の代表である石井菊次郎と会談し、アメリカにおける満洲問題の扱い方について協議した。彼らは、満洲について表面上は門戸開放政策を認めていることを表明しつつ、実際には日本と満洲の独占的な関係を結ぶということで一致した。この内容は、シカゴ万博における満洲の宣伝活動内容と合致する。

例えば、配布された満洲を紹介する絵葉書には、中国大陸、日本、北米が描かれている地図の左上に溥儀皇帝夫妻の写真とともに、「一九三四年三月一日は、新しい国家である満洲国の皇帝夫妻が即位した日です」と書かれているもの、満洲の風景が描かれているものがある。配布されたパンフレットは、表面上部に「満洲の発展」という題名が表記され、建設中の新京、関東軍の役所、ハルビンの町並み、大連の街並みなどの写真が周囲に配置され、中央部に満洲に関する説明が書かれている。そこでは、アメリカと満洲との貿易が、とりわけ鉄、石油、機械、自動車などをはじめとしてこの数年の間に飛躍的に上昇していること、その仲介には日本が重要な働きをしている、という説明がある。引き続き、満洲の大きさ、人口、農業、鉄道の敷設状況などが説明された。裏面には、一八七二（明治五）年以降の満洲の輸出入と満洲の人口の増加を示す表や、満洲国全土の地図（鉄道路線図入り）とともに、日本の投資総額が米、英、仏よりはるかに多額であること、それゆえ日本と満洲の経済的な結びつきは他国と比べて重要であり、満洲の産業、農業、教育の急速な発展は日本および南満洲鉄道株式会社によるところが大きいという解説が掲載された。

このほか満洲国に関する映画の上映が検討された。候補にあがったのは、「満洲におけるリットン調査団」と、「満洲国の全貌」である。いずれも芥川光蔵監督により、満映が制作した。映画「満洲におけるリットン調査団」はリットン調査団訪満時の記録映画（一九三二〔昭和七〕年作成、全八巻）で、本庄繁関東軍司令官、臧式毅奉天省長、執政の溥儀および満洲国政府要人と調査団との会談、日本側が動員したと思われる満洲国の中国人や朝鮮人による調査団の歓迎風景、調査団への満洲国の承認陳情デモなどがその内容である。この映画は、一九三二年一二月八日、国際連盟のあるジュネーブのホテルメトロポールにて、六〇〇〇人ほどの観客の前で上映されている。国際連盟で松岡洋右が、ヨーロッパやアメリカが今、二〇世紀における日本を十字架にかけようとしているが、ナザレのイエスがついに世界に理解されたように、われわれもまた世界によって理解されるだろうという演説をおこなった日の夕方のことであった。もう一つの映画、「満洲国の全貌」（全三巻）のもととなった「新興満洲国の全貌」（一九三三〔昭和八〕年作成、全五巻）は、平原や街並み、工場、港などの風景をまじえながら満洲の歴史を語っていく。映画の始まりでは日露戦争の記念塔が映し出されるが、満洲国の起源を示唆してのことであろう。南満洲鉄道の敷設作業の様子や、世界へつながる港として大連を紹介し、奉天などの街並みを映す。一九二八（昭和三）年には支那の圧政から逃れる為に人々が満洲へと移り、つづいて満洲事変がおこり、ついに一九三二年三月一日に満洲国としての独立を得たという歴史が語られる。

ただし、実際にシカゴに送られたのは、「満洲国の全貌」と満洲地方の地元の祭りを映した「娘々祭」の二本である。「満洲におけるリットン調査団」がはずされたのは、すでに国際連盟を脱退したことで、一旦満洲問題が沈静化していると判断し、この映画の上映により再度話題が蒸し返される可能性を避けたためであろう。

満洲に関する宣伝活動として、最も力がそそがれたのが一〇月一二日から一週間にわたる「満鉄週間」であった。日本館でも八月一九日の生糸の日、八月二五日の茶の日が催されたが、催された祝祭がこの二日間だけであったことから比べても、満洲宣伝への積極性が見てとれる。

満鉄週間では、満洲に関する一〇の問題が掲載された一〇〇万枚のビラが配布された。問題は、満鉄館内などで配布されているパンフレットを見ればわかる程度のものであり、全ての問題に回答する必要もなく、三問以上の正解があれば、合格者として抽選権が与えられた。一等には満洲旅行、二等、三等には白狐の毛皮やパール（一〇〇個を用意、一人一個）が当たる懸賞問題で、このほかにも全部で五〇〇種類の商品が用意された。回答のほとんどがアメリカ、カナダからで五万通ほどあり、一等には二二歳の美術学校出身のフランシス・アンダーソンが当選した。現地新聞に彼女の写真つきの記事が掲載され、彼女は実際に日本と満洲に渡航し二週間滞在した。

期間中には満洲音楽の夕べとして、シカゴのオーケストラによる野外コンサートが催された。米満親善とシカゴ市民への感謝の意をこめた演奏会として一〇曲が演奏されたが、その中には、満洲国歌をオーケストラに編曲したものもあった。国外で満洲国国家が演奏されたのは、これが初めてのことであった。このほか、満洲から届いた約一〇〇枚の写真を展示した満洲芸術写真展覧会や、関係者を集めた午餐会が開かれた。写真展は、会期後にシカゴ市外のエバンストンで再度開催された。

このようにシカゴ万博では満鉄館を媒介として、満洲に関するさまざまな宣伝活動がなされたが、それに対する反応、とりわけ中国からの反応がどうであったか、という問題がある。シカゴ在留支那慈善協会会員から博覧会総裁ドーズ氏に宛てて、「支那と敵対行為にある満洲国」の出品物が、特設館を設けて陳列されていることへの抗議書が送られた。その趣旨は、アメリカ合衆国政府が満洲国の承認を拒否するのと同様にシカゴ万博会場内でも満洲に関するものは許否されるべきであり、満洲館の閉鎖と宣伝の中止を要請するものであった。この抗議に対して博覧会事務総長のルーアは記者に対し、博覧会の出品物についてはそのように厳格に考える必要はなく、仮にあるとすれば、中央政府の方針にしたがうと答えた。なお会期中、博覧会協会ならびに、アメリカ政府から、日本および満洲、満鉄にたいして、満鉄館の閉鎖や、展示内容の変更などを求められたことはなかった。

戦前の博覧会と植民地

以上のように、日清、日露戦争により新しい領土を獲得した後、万博および国内での博覧会で新領土に関する展示がおこなわれるようになった。

新しく獲得した領土＝植民地を展示し、帝国として植民地の経営、統治の思想を国民に知らしめるという拓殖博覧会の目的は、当時の欧米の帝国主義思想そのものである。そこで展示されている植民地の産物や資源は、観客にとっては投資ないし、開拓などの対象となりうるものであった。

植民地を展示することは、国内での博覧会のみならず、海外の博覧会でも行われた。とりわけ満洲は、台湾、朝鮮半島とは異なり租借地であったにもかかわらず、日本の植民地のように繰り返し展示された。その際、領土問題となることを回避するために、満洲展示区域の名称には満鉄の名が必ず掲げられた。

とりわけ一九三三年シカゴ万博は、満洲国が建国を宣言し、日本がその建国を承認した後の開催であり、満洲国として参加する可能性のある初めての博覧会であった。それゆえ、満洲の日本関係者は、満洲国を国際社会にアピールする絶好の機会ととらえ、万博に参加し、満洲館を建設する計画を建てた。独立国家としての満洲国の正当性は、満洲国の建国宣言と日本が承認したということだけでは充分ではなかったからである。

しかしながら、満洲が万博に参加し、日本敷地内に満洲館を建設するという決定は、まさに満洲をめぐって国際連盟で特別委員会が開かれている時であった。シカゴ万博の開催地アメリカは、国際連盟に加盟しておらず、連盟で満洲問題がとり立たされているときにも、スティムソン国務長官が満洲国の非承認を鮮明に発表していたが、この問題へは不介入の姿勢であることという情報を日本政府は得ていた。この当時の日本外交は満洲国を承認したものの、国際的に孤立路線を歩むつもりはなく、協調路線をとっていた。事実、国際連盟の脱退という結果に終わったが、それは熱河作戦が軍事的な予定に入る中、国際連盟の特別委員会が日本の一連の満洲での行動への勧告後に作戦が実行された場合、それは連盟への挑発とみなされることを避けるための脱退であり、決裂というものではなかった。実際、国際連盟脱退後も連盟と協力関係にある非連盟国という名目で、南洋諸島の日本の委任統治は続けられた（井上寿一　一九九四年）。

とはいえ、満洲をめぐり国際連盟を脱退したことは、国内外に外交での日本の孤立を印象づける。そのようななか、万博への参加は、日本政府にとっては国際協調路線、とりわけ開催国であるアメリカへの親米路線を見せる有効な方法であった。そもそも万国博覧会とは、多数の国家が集う場所であり、それゆえ展示品、パビリオン、催しなどを通してその国家のイメージを表現する場である。現在に比べて、対外的な発信する場が少なく、かつ、日本についてそのイメージを、日本側から直接、他国の国民に訴えかけることのできる万博という場は、当時の日本政府にとって、現在の万博と比べてより重要な機会であり、戦前の日本政府は、くりかえし万博を外交手段のひとつとして現在のそれよりもより有効に使っていた。とりわけシカゴ万博は、日本が国際連盟を脱退したほぼ二ヵ月後に始まり、約半年間の期間開催された万博である。だからこそ、日本政府は、参加することで親米路線を強調しつつ、さらに満鉄館という名称で満洲国についての宣伝をおこなうなど、万博を外交手段として、積極的に活用したのであった。

主要参考文献

〈史料〉

大久保透『明治記念拓殖博覧会案内記』(有信社、一九一三年、藤原正人編(『明治前期産業発達史資料　勧業博覧会資料二〇七』明治文献資料刊行会、一九七六年所収)

外交史料館蔵「市俄古万国博覧会」(第一巻~第四巻)

河原茂太郎編『一九三三年市俄古進歩一世紀万国博覧会出品協会事務報告』(市俄古進歩一世紀万国博覧会出品協会、一九三四年)

商工省商務局編『市俄古進歩一世紀万国博覧会政府参同事務報告』(商工省商務局、一九三四年)

須賀健吉編『平和記念東京博覧会案内』(公認平和記念東京博覧会案内発行所、一九二二年)

拓殖博覧会編『拓殖博覧会事務報告』(拓殖博覧会残務取扱所、一九一三年)

立花雄一編、横山源之助『横山源之助全集　第四巻社会・労働』(法政大学出版局、二〇〇一年)

東京勧業博覧会編『東京勧業博覧会案内』(益世館、一九〇七年)

東京府編『平和記念東京博覧会事務報告』上・下(東京府、一九二四年)

山下清秀編『進歩一世紀市俄古万国博覧会満洲出品報告書』(凸版印刷、一九三四年)

〈文献〉

有山輝雄『海外観光旅行の誕生』(吉川弘文館、二〇〇二年)

伊藤真実子『明治日本と万国博覧会』(吉川弘文館、二〇〇八年)

井上寿一『危機のなかの協調外交』（山川出版社、一九九四年）
臼井勝美『満州国と国際連盟』（吉川弘文館、一九九五年）
小林道彦『日本の大陸政策一八九五〜一九一四―桂太郎と後藤新平―』（南窓社、一九九六年）
酒井哲哉『大正デモクラシー体制の崩壊　内政と外交』（東京大学出版会、一九九二年）
夏目漱石『虞美人草』（新潮社、一九八九年）
山室信一『キメラ―満州国の肖像―増補版』（中央公論新社、二〇〇四年）

四　近代アイヌの描く未来図
――「近文旧土人保護地」自主管理の夢――

谷本晃久

はじめに

都市のなかの「保護地」

行動展示で注目を集めた旭山動物園があることで知られる北海道旭川市は、石狩川の上流域に開けた上川盆地に位置する。旭川市は人口三五万を数える北海道第二の都市だが、その中心部にある近文《ちかぶみ》という地域にかつて「旧土人保護地」と称された土地のあったことを知る人は、それほど多くはないだろう。ここにいう「旧土人」とは、北海道に先住したアイヌ社会に属する人々を指す行政側の用語であることはいうまでもない。法的には、「旭川市旧土人保護地処分法」（昭和九年法律第九号）が施行された一九三四（昭和九）年一一月一日まで、その地所は存在したことになる。また、同法施行により「共有土人ノ救護並《ならび》ニ福利ノ増進ノ資ニ充《あ》ツ」目的で北海道庁長官の管理する「旭川市旧土人稲村イトンベウック外《ほか》四十九名共有」の地所があり、同法廃止の一九九七（平成九）年七月一日まで、「旭川市旧土人五〇名共有」の地所からの収益に由来する共有財産が存在し続けた。道庁の公告したその返還請求期限は翌九八年九月四日までであり、それへの異議申し立て訴訟が最高裁で棄却されたのが二〇〇六年三月二四日であったから、法的にはその時点まで「旭川市旧土人五〇名共有」の財産が存在したことになる（「アイヌ民族共有財産裁判の記録」編集委員会　二〇〇九年）。

　この法律が廃止されたのは、「北海道旧土人保護法」（明治三二年法律第二七号）の廃止と同時であり、両法が廃止されたかわりに現行の「アイヌ文化の振興並びにアイヌの伝統等に関する知識の普及及び啓発に関する法律」（平成九年法律第五二号、いわゆる〝アイヌ文化振興法〟）が制定されたわけである。この法律の制定に尽力したアイヌ初の国会議員であった萱野《かやの》茂《しげる》参議院議員の国会質問とそれに対する政府答弁に明らかなように（萱野茂ほか　一九九七年）、法的には一九九七年七月一日までは「北海道旧土人」もしくは「旭川市旧土人」と規定された人々がわが国に存在した。平成初年にこれを自覚させられた国会や一般社会の驚きは、いまでは〝きのうの日本〟の歴史として閑却されているのかもしれない。

旭川市旧土人保護地処分法

さて、「旭川市旧土人保護地処分法」が一九三四年に制定されたのは、それに到る経緯を踏まえた理由がある。その理由は後述するが、端的にいってしまえば、アイヌ「保護」を名目に処分を保留してきた地所を、アイヌ各戸へ戸別もしくは共有で給付するための法律である。旭川市以外のアイヌへの土地＝農地給付は「北海道旧土人保護法」を適用して行われたが、旭川市の場合は土地＝農地とは必ずしもならなかったためその適用ができず、新たな法律が必要と判断されたのである。

問題は、「北海道旧土人保護法」が一八九九（明治三二）年に制定されたのに対し、「旭川市旧土人保護地処分法」が一九三四年に制定されている、という点である。つまり、旭川市のアイヌに対する土地の給付は、他の地域に比べ大幅に遅れたということになる。これには、保留当初には想定されなかった都市化の急速な進展により、都市のただなかに置かれた「保護地」を移転させようとする政治・行政側の意図と、これに抗したアイヌならびに縁故和人（小作者）による粘り強い抵抗運動との三次にわたるせめぎあい（これを〝「近文旧土人保護地」事件〟という）があり、一九三四年に一応の決着がつけられた、という経緯があった。

本章では、近文の「旧土人保護地」のアイヌによる自主管理を目指した、天川恵三郎《あまかわけいさぶろう》・栗山国四郎《くりやまくにしろう》・松井国三《まついくにさぶ》郎《ろう》という三名のアイヌの構想と実践を取り上げる。なかでも松井は、一九三二年から三四年にかけて展開された、第三次「近文旧土人保護地」事件のアイヌ側主要プレイヤーの一人で、最もラジカルな構想を示した人物である。よって、その示した構想を、その歴史的背景をやや丁寧に辿りつつ、個別具体的に取り上げたい。それにより、個人の構想に即すかたちで、近代社会を経るなかでアイヌ社会に結実した思想の地平とその実践のありかたに関する一断面を描いてみたいと考えるからである。

なお、本章の以下の叙述にあって、旭川の歴史に関する叙述については、特記しない限り『新旭川市史』第二巻通史二〜第四巻通史四に拠った。また、近代近文アイヌの歴史に関する叙述については、おなじく同前書所収の谷本執筆の章に拠っている。

1　軍都旭川と「旧土人保護地」

急激な都市化

内陸部に位置する旭川への入殖事業が始まったのは、一八九〇（明治二三）年と比較的遅い。一八九七（明治三〇）年の人口は、三四〇〇人に過ぎない。こうした状況が変化する契機となったのが、鉄道と軍隊である。鉄道上川線（現・JR函館本線滝川～旭川間）が開通したのが一八九八年、旧陸軍の第七師団（現・陸上自衛隊第二師団）の設置が旭川に決まったのが翌九九年。一九〇〇年の人口は、一挙に二万を超えた。

押し込められた上川《かみかわ》アイヌ

近文は旭川市街地から、指呼の間とはいえ石狩の大河を挟んで北岸の鷹栖《たかす》村にあり、当初の往来は渡し船である。近文の「旧土人保護地」は、市街地とは別区画の用地として設定された筈だった。そもそも近文に「旧土人保護地」が設定されたのは、維新後「無主地」とされた北海道の内陸部を「原野」に区切り、そのそれぞれに「殖民地区画」を選定する事業の一環としてのことである。石狩川上流の上川郡では、この事業は明治二〇年代に実施されている。北海道庁では当時、「旧土人保護」の観点からアイヌ集落のある殖民地選定区画地貸下に際し、「旧土人保護地」を控除する方針を示していた（一八九四年三月二日　北海道庁本庁決議〔『対アイヌ政策法規類集』〕）。一八八七年に上川郡のうち現在の旭川市街地付近を流れる石狩川北岸一帯に「チカブニ（のちの近文）原野」を設定し、九一年に殖民地区画（一二六〇区画、五九七〇町歩＝一七九一万坪）が撰定され、原野区画図が作成された。地所の貸下は九一年から始まり、ピークである九四年には三一四二町歩が貸し下げられた。

近文原野において殖民地撰定区画地の貸し下げのピークを迎えていた一八九四年五月に、道庁は「旧土人保護地」控除の方針を適用・実施した。一六四町八反歩（四九万四四〇〇坪）がその全地籍であり、三六戸三七筆に分割して割り渡された。これはあくまでも割り渡しであって、所有権はアイヌには与えられず、地種は「官有地第三種」とされた。私有権を付与した場合、「朦昧《もうまい》」な「旧土人」は土地を「奸悪者《かんあく》」に「横奪」される危険があるため、というのが道庁の論理である。ここに、「近文旧土人保護地」が成立したのである。上川郡全体三五万三八〇八町歩の僅か〇・〇五％に満たない地所に、ペニウンクル（peni-un-kur：川上に・住まう・衆）と称され上川盆地一帯を生活域とした上川アイヌ全体が、押し込められた格好である。

都市のただなかの地所へ

近文に師団設置の計画が持ち上がったのは、その僅か五年後であった。予定地は「旧土人保護地」のすぐ北に隣接する地である。鉄道は西から近文を通って旭川に至り、近文には停車場が置かれた。「旧土人保護地」は一躍、市街地と師団、師団と鉄道とに挟まれた前途有望の地所に化けたのであった。一九〇二年四月には、「旧土人保護地」ならびに第七師団用地全域が、鷹栖村の管轄を離れ旭川町に編入されている。

師団が置かれるということは数千人規模の住民が創出されることを意味し、鉄道が敷設されるということは札幌はおろか青函連絡船を経由し東京と直結することを意味する。当然、国や地方自治体ならびに企業や大小投資家たちは、その渦中に置かれた「旧土人保護地」の〝有効利用〟を画策する。まず、折から発布されたばかりの「北海道旧土人保護法」（一八九九年三月一日　法律第二七号）を適用することを、当面見送った。同法によりアイヌへ土地を給与した場合、その地所は農地として固定化し、制限付きながらもアイヌ各戸に私有権が付与されるからである。地種が官有地第三種扱いとなる「旧土人保護地」のまま存置したうえで、居住するアイヌを「換地《かえち》」により移転させてしまおう、というのが行政側の目論見であった。

しかし、当事者である近文アイヌを含む様々な利害関係者の運動があり、当該地の「換地」は回避された。都市のなかに「旧土人保護地」が存置されるという、特殊な状況がここにあらわれたのである。ただし、アイヌの私有権はそこには付与されず、官有地第三種のまま旭川町長が北海道庁長官の委託を受けそこを管理する、という曖昧な環境が設定された。「旧土人保護地」の一部をアイヌ各戸に無償で貸し付け、残地を旭川町が小作人に有償で転貸し、その収益で小学校運営を含むアイヌ保護策を道庁に代わって町が執行する、というのである。アイヌの私有権をそこには認めず、行政側の潜在的な処分権を残した格好となっている。道庁が旭川町に管理を委託した年限は、三〇年とされた。三〇年後とは、すなわち、一九三二(昭和七)年である。その間、旭川町は市に昇格し、人口は七万人を超えている。近文の「旧土人保護地」は、まさに、都市のただなかに置かれた地所へと変貌していったのである。

本章で主に扱うのは、一九三二年の委託年限を間近に控えて近文アイヌの示した「旧土人保護地」の自主管理構想と、その実現のために繰り広げられた運動と組織についてである。近代アイヌ思想研究の第一人者である藤村久和はかつて、近代アイヌ史の能動的な側面に触れ、「独自な近代化を進めてきたからこそ、アイヌの人びとは築き上げられた精神文化を保持してきたといえる」と評したことがある(藤村久和　一九九三年)。アイヌにとっての近代は、ともすれば国家による固有の文化・権利の否定といった受動的な側面が強調されがちである。むろん、こうした側面がアイヌ社会の近代に逃れ難い制約を及ぼした点は、いくら強調しても強調しすぎるということはないが、反面、藤村の評価したような主体的に近代化を模索する動きがみられたことにも、もっと目を向けておく必要があるだろう。それは、アイヌ史的近代の持ちえた可能性を知ることにつながるものと信ずるからである。よってここでは以下、その試みにつき、なるべく個別具体的な事象に即して考えてみることとしたい。

事件の経過の概要

ここでごく簡単に、三次にわたる〝「近文旧土人保護地」事件〟の概要を整理しておく。

①第一次事件　一八九九（明治三二）年一二月〜一九〇〇年五月

a一八九九年一二月、大倉組の策動により、近文アイヌ各戸が「近文旧土人保護地」につき、天塩《てしお》国名寄《なよろ》原野への「換地願い」を提出。

b一九〇〇年二月、aを受け道庁が大倉喜八郎らへ当該地の貸付指令を発す。

c同年五月、近文アイヌや保護地小作人らの「留住」運動ならびに内務省の指導を受け、道庁が大倉らへの当該地貸付指令を撤回する。

②第二次事件　一九〇〇年一〇月〜一九〇七年七月

a一九〇〇年一〇月、近文在住のアイヌ天川恵三郎、保護地を担保に資金を導入し、住宅の近代化ならびに教育施設の設置を計画するも、融資がなされず負債を負う。

b一九〇一年六月、天川らが保護地の一部の官への返地による換地移転料と近文の残地を担保とした民間融資とによる、aの借財弁済と近代化計画とを模索。

c一九〇二年二月、近文在住のアイヌ栗山国四郎ら、bへの反対を表明。

d一九〇三年五月、天川ら、保護地の一部を返地し残地の一部を民間へ貸与して得た財産で換地での近代農村建設を計画し、移転嘆願書を道庁へ提出。

e同年六月、旭川町会が保護地の町による管理を決議し、道庁へ提出。

f一九〇六年一月、栗山国四郎ら近文アイヌ、保護地の自主管理を求め町と対峙。

g同年四月、栗山らを旭川警察署へ召喚。栗山らeの案を受け入れる。

h同年六月、「旧土人保護の目的」で保護地の三〇ヵ年間の貸付を旭川町に認める道庁指令が発せられる。

i同年六月、天川恵三郎らが札幌地裁へhの不当を訴え道庁長官を告訴。

j同年一〇月、道庁、予戒令を適用させ天川に予戒命令を執行し排除。

k一九〇七年四月、旭川町がhに基づき近文アイヌ各戸へ保護地の一部を無償貸与。

l同年七月、旭川町がhに基づき建築した和風簡易住宅への近文アイヌの移転が完了。
③第三次事件　一九三一（昭和六）年八月～一九三四年一一月
a一九三一年八月、旭川市への保護地貸付期間満了を前に、近文アイヌ各戸が連印して各戸一町歩と共有地四町歩の下付申請書を道庁に提出。

b同年一二月、近文アイヌ各戸が部落民大会を開き、保護地全地一四〇町歩余の自主管理を目指し下付を申請・陳情することと決す。

c一九三三年五月、道庁・内務省・大蔵省、近文アイヌへ各戸一町歩を国有未開地として給付（無償下付）し、残地八八町歩余は近文アイヌの共有財産とし道庁の管理下に置く方針を決定。

ｄ一九三四年一一月、「旭川市旧土人保護地処分法」施行。近文アイヌ五〇戸の戸主が各一町歩の地主となる。同時に道庁に共有地管理委員会が発足。

このうち、太字で示した②―ｆならびに③―ｂの場面で示された構想と実践が、保護地全地をアイヌ自身の手で自主管理する体制を整えようとしたものである。次節ではまず、栗山国四郎の主導した②―ｆにつき、みていくこととし、続いて第三節では松井国三郎らの主導した③―ｂにつき、検討を加えていく。

2　第二次事件と「上川土人自治義会」

天川恵三郎の自主管理構想

②―ｆの時期は、一九〇六（明治三九）年一月一五日から四月一七日までの三ヵ月間の実践であったが、当局の忌避する程度の迫力を持った構想が示され、結果的には警察権力を動員しての圧殺というかたちとなった。

そもそも、保護地を自主的に管理運用しようとする構想と実践は、第一次事件に際し留住運動の中心を担った天川恵三郎（一八六四～一九三四年）に端を発するとみてよい。「近文旧土人保護地」に「北海道旧土人保護法」の適用がなされなかった以上、同法に定められた勧農や民族別教育（アイヌ学校）の保障も見込めないわけで、それを自主的に担保しようとした天川の構想と実践にはそれなりの理由があったとみなければならない。天川は小樽出身のアイヌで、小学校高等科を卒業し裁判所勤務の経験があり、第一次事件に際し、当時居住していた石狩湾岸の浜益《はまます》村から近文の親族の招きで旭川入りし、第二次・第三次事件と一貫して、その解決に尽力した人物である。

天川は、保護地全体約一四五町歩のうち五〇町歩（各戸一町歩）をアイヌの基本財産とし、残地九五町歩を換地の対象と考えた。この区分は、アイヌの直接用益地（単独有財産）と小作転貸地（共有財産）の実態を反映したものであり、この後も区分して意識されていくこととなる。栗山は、天川のこの案に反対し、保護地全地のアイヌによる自主管理を構想した。小作地（共有財産）を官へ返地して換地と移転費用を獲得するのではなく、アイヌが共有財産地小作料の徴収母体たらんとしたのである。

保護地に小作権を設定し民間資本を導入しようと構想したのは、天川がその嚆矢である。「北海道旧土人保護法」が適用された「旧土人給与地」には、「保護」を名目とした所有権移転や質権・小作権・抵当権・地上権・地役権の設定には道庁長官の許可が必要とされ、事実上不可能な状況となる。「近文旧土人保護地」には同法の制限が適用されないため、むろん官有地であるため所有権移転は原則としてありえないが、屯田兵村における公有地と同様、占有権者（この場合は割り渡しを受けたアイヌ）による賃貸借権や質権・小作権・抵当権・地上権の設定や留置権・先取特権の対象化には事実上制限がない。天川はこの点を活用し、小作地の小作料を抵当に民間から融資を仰ぎ、移転運動挫折に伴いその返済に窮するや、保護地の一部に賃貸借権を設定し負債の償却を目論んだわけである。ただし、賃貸借契約を結んだ地所に、既に別人に永小作権が設定されていたため、大きな混乱を招くことになってしまった。栗山をはじめとする近文アイヌはこうした事態に直面し、天川への不信感を強め、契約の整理と保護地全地の自主管理を改めて講ずることとしたのである。

栗山国四郎の自主管理構想

保護地自主管理策を主導した栗山国四郎（一八八二～一九五六年）は、石狩川中流域空知《そらち》地方出身のアイヌで、函館谷地頭《やちがしら》にあった日本聖公会愛隣学園や旭川の忠別《ちゅうべつ》尋常高等小学校に学んだといい、第二次事件当時は近文に居住していた（荒井源次郎　一九九二年、『北海タイムス』一九〇二年四月六日付）。栗山は当時、近文第四尋常高等小学校長の青木毛一という人物と共同で保護地の一部を近文アイヌを代理し小作人に貸し付け、経営管理を行っており、こうした経験が保護地全地の自主管理構想の基礎にあったと目される。

　栗山の構想は、保護地の自主管理母体としての近文アイヌの組織化と、その執行機関として法人の設置を目指し実現させた点に特色があった。これは、旭川町による保護地一括管理案に抗しての動きと捉えられる。近文アイヌの組織化については、旭川町当局との交渉窓口を、近文アイヌ各戸から選出された評議員八名の総代人に一元化する体制が構築された。これについては、一九〇六年一月一五日に締結された次のような「契約証」が残されている（奥田千春『事実考』所収「旧土人保護〔其三〕」、旭川市史編集事務局架蔵本。以下、本節における公文書の出典は本史料に拠った）。

契約証

私共一同は明治三十九年一月一五日、旭川町近文旧土人給与予定地酋長川村モノクテ宅に於て熟議の上、満場一致を以て左の契約を締結し、将来確実に履行すへき事を誓へり、

一、酋長川村モノクテ・副酋長村山与茂作は合議の上、自今其職務を一切解除し、土人全体に関する件は凡て会議を以て決行する事とし、評議員左の八名を選挙したり、

川村コウカルクウ・黒沢酉丸・村山アツチヤスクル・今井バレキ・太田トリワ・門野ラ、コンナ・間見谷ヌサチウ・川上コヌサアイヌ

一、評議員は常に私共一同の為めに誠実に諸般の事項に注意し、土人全体に関する一切の事務を決議し

実行するものとす、

一、評議員は常に親睦を為し、土人全体の協和を図り、人事凡て取扱をなすものとす、

一、酋長及副酋長は此後如何なる方面から協議交渉を受くるも、其事項は直に評議員に引渡し、若くは断然謝絶して一切関係させさるものとす、

一、評議員は旭川町役場及北海道本支庁に、左の事項を交渉処理すへし、

一、上川支庁長及旭川町長の訓諭中、土人保護の為め旧土人給与予定地を北海道庁は一時旭川町役場に貸付し、土人の自治独立したる後返付して土人に任かすとの言の、実行方法取調処理の件、

二、該地貸付を受けたる時は、土人各戸に対し一町歩宛無料使用に関し受渡一切の件、

三、土人家屋五十戸建設に付、其繰替金支出に対する返済償却の方法取調、交渉処理の件、

四、学校教育・衛生施行・農業実習地事務所建設残地小作貸付等に対し、町役場の為さんと欲する方法取調一切の件、

五、従来借金に対し、返済方法取調、交渉処理一切の件、

一、評議員は自治独立方法に付、相当計画を為す事、

一、評議員は其事務上必要なる時は、其信任ある者を以て決議の上、一部の事務を嘱托し、又は委任状を交付して処理をせしむる事を得るものとす、

一、前項の外、土人の保護上利益に関する一切の件、

右契約履行の証として、正副弐通を製し署名捺印して、一通ハ酋長・副酋長之を所持し、一通ハ評議員之を所持するもの也、

近文アイヌの自主管理組織

契約証中、第一条～第四条までは、「土人全体に関する件」の交渉窓口を八名の評議員の合議で決することを定めた条項であり、「酋長」「副酋長」による恣意的な交渉を排除することが契約されている。これは、近文アイヌ社会内部における「酋長」・「副酋長」の存在を否定するものではなく、土地問題等の対外的な法的交渉につき、合議により慎重に判断する体制を整えたものと捉えられる。評議員はいずれも近文アイヌであり、栗山の名はないが、栗山は「立会人」の名目で評議員から選出された「総代人」とともに以後、旭川町や道庁当局との交渉に臨んでいる。第七条は、こうした栗山のための条項とみることもできよう。

第五条には、評議員が「交渉処理」すべき当面の事項が定められている。第三項・第五項は、天川が企図した保護地を担保とした負債償却に関する事項である。第一項・第二項・第四項は、それぞれ当時進行中であった旭川町による保護地管理案に対する対応策である。第一項にあるように、旭川町当局は当初栗山ら近文アイヌに対し、道庁から町が保護地の一括貸付を受けるのは一時的なことで、アイヌの「自治独立」の暁には保護地を付与すると説明していた。しかし実際には町が道庁に申請した貸付年限が三〇ヵ年と長期に及んでいたことが報道されるや、栗山らはこれに厳しく対峙する姿勢を明らかにし、早期の「返付」の実行を要求していたのである。ただしこの段階では一時的に旭川町が保護地を管理することを否定しているわけではなく、第二項や第四項では町による当面の管理下における体制への要求（アイヌ直接用益地の確保と具体的な「保護」政策への関与）が含意されている。

このように地域のアイヌ社会が組織的に「旧土人保護」政策と交渉していく形態には、先例があった。一八九四年から一八九七年にかけ、北海道東部・十勝地方のアイヌは「中川郡旧土人財産管理組合」を結成し、「保護地」を含む共有財産を自主管理する体制を整え、その一部の付与に成功しているのである（山田伸一　二〇一一年、井上勝生　二〇一一年）。しかもこの事例は、「北海道旧土人保護法」成立以前のケースであり、同法が適用されない近文の事例と法的に共通する部分が少なくない。こうした共通性を踏まえてか、近文アイヌは十勝での「保護地」自主管理の中心人物のひとりであった帯広近郊伏古《ふしこ》村のアイヌ伏根《ふしね》安太郎《やすたろう》（弘三《こうぞう》）を招き、当局との交渉にあたっている。一九〇六年二月一二日付で評議員から選出された「旧土人総代」とその「立会人」たる栗山が旭川町長に提出した請願書には、「十勝国伏古村土人給与予定地は手間なく許可になりました」という認識を踏まえ、「保護地」全地を「何卒一度私共に御給与下されて、御保護被成下様《なしくださるよう》、飽《あく》マデモ御尽力被成下度《たく》」と要求しており、伏根の助言の存在を想定することができる。その後の折衝において、町当局はこの請願を受け入れず、さらには町への「保護地」貸付年限の短縮と町への貸付期間において「保護費」（保護地からの小作料収益）を負債弁済に当てることをも認めなかったことから、評議員と栗山は町との交渉を打ち切り、「保護地」全地の即時引渡を追求することになった。このように、この時期の近文アイヌ社会は、当局による「旧土人保護」政策を主体的に乗り越えようとする動きをみせており、その過程では、「旧土人」として法的環境を同じくするアイヌ相互の自主的連携をも確認できるのである。

上川土人自治義会

町による「保護地」管理計画と対峙する姿勢を明らかにした評議員と栗山は、具体的な行動を起こす。評議員体制を社団法人として組織化した「上川土人自治義会」の結成（一九〇六年三月二七日届出）と、「保護地」からの小作料収益を自主管理するための組織である「旧土人地整理仮事務所」の設置（同年二月九日届出）がそれである。自治義会の前身である「土人自治会」の結成通知が二月一二日であるから、両者は町との全面対決以前に結成されており、当初は近文アイヌが当面の措置と認識した町の管理体制を前提とした組織であったが、交渉決裂後、評議員や栗山の主導する「保護地」全地の自主管理を担う主体と位置づけられることとなった。自治義会の組織や活動の詳細は知られるところが少ないが、町との交渉決裂後に名乗った「義会」という名称から、込められた思いの一端を汲み取ることはできるだろう。

一方、「旧土人地整理仮事務所」の活動は、やや具体的に知ることが叶う。事務所は三月四日に、「保護地」の小作契約証を集約していた浅沼定之助という札幌の小資本家と交渉し、その契約を解除することに成功する。近文アイヌの手を離れるかたちで「保護地」に設定されていた小作権（小作料徴収権）が、事務所の下に一元化されたわけである。ただし、浅沼との契約を解除するにあたり支払った正金は、小作料収入を担保とした旭川の後藤吉太郎という人物からの借金で賄ったから、事務所はそれを弁済していく必要があった。しかしながら、後藤との間には金銭貸借関係があるのみであり、小作料徴収権が事務所に一元化されたことの意義は大きかった。事務所では三月二七日に保護地小作人に対し、事務所との小作契約の締結と小作料の即時納付を迫ったのである（『北海タイムス』同年四月一四日付）。保護地小作人は、法的に有効な事務所の通告に対し、旭川町が進めていた保護地一括管理体制への移行の実現性に疑義を抱き、小作料の二重徴収を回避するため、町当局へ直接問い合わせを行なっている。また、町から保護地一括管理の働きかけを受けていた道庁当局も、「保護」対象の当事者である近文アイヌのこうした動きを問題視し、旭川町へ事実関係を照会するに至った。

表1　旭川市旧土人保護地の利用区分（1933年現在）

No.	利用形態	利用主体	地　積
1	有償転貸地	*和人小作人	76町5反6畝17歩8才3勺9合
2	無償転貸地	アイヌ50戸	49町6反3畝6歩
3	指導農耕地	市の直接管理	4町
4	道路その他公共用地	市の直接管理	4町5反3畝10歩
5	耕作不能無貸付地	市の直接管理	8町1反3畝16歩1才1勺1合

(注) *印は法人3・アイヌ1を含む計122人に貸し付け.
(出典)『新旭川市史』第4巻579頁.

当局による圧力と管理体制

ことここに至り、旭川町は事態の解決に迫られた。旭川町長は旭川警察署長ならびに上川支庁長と鼎談のうえ、アイヌ側主導者である栗山と青木の警察署への召喚・説諭を決定し、実行に移した。四月一四日のことである。ここでも栗山らはアイヌの「自治の能力」獲得の暁には「自治を認むる事」の確約を主張したという。しかしながら一七日に青木が別件の容疑で旭川署に拘引されるや、栗山らは町による保護地一括管理策を受容し、二四日には上川土人自治義会の解条届けが提出された。アイヌによる保護地全地の自主管理を求める三ヶ月間に及んだ運動は、ここに挫折したのである。

結果的に町への保護地貸付期間は三〇ヵ年とされ、アイヌへは一戸一町歩（計五〇町歩）の土地が町から「無償貸付」されるに留まり、残地九五町歩は「土人保護目的」により旭川町の管理する土地となった（表1）。No.1の保護地からの小作料は、町が徴収し、町が策定する「旧土人保護」事業のために支出または積立てられることとなり、アイヌが直接的に関与し得ないものとなったのである。アイヌへの無償貸付地籍は、「北海道旧土人保護法」の規定する給与地籍各戸一・五町歩より少ないが、当初町が企図していた〇・五町歩から比べると倍加している。これに関しては、栗山らの運動が奏効したわけである。挫折したとはいえ栗山らの保護地自主管理の構想と実践は、「北海道旧土人保護法」によらない、近文アイヌによる旭川独自の地所管理運動の嚆矢であり、三〇年後の貸付期間満了後の運動に先鞭をつけることにもなるのであった。

なお、この挫折直後に天川恵三郎が道庁による旭川町への保護地管理委託の違法性を司法の場に訴える動きをみせる。これに対し道庁は、天川を「無知」で「可憐」なアイヌを「教唆《きょうさ》」する存在と断じ、予戒令《よかいれい》の定める予戒命令を適用させて排除している。いうまでもなく予戒命令とは、行政当局により政治活動家を恣意的に排除するための法律に基づいた命令であり、足尾鉱毒事件の田中正三に適用されたことで知られる。当局による「保護」の対象とされたはずのアイヌによる、それを逸脱した自主的な構想や実践は、不都合なものとして国家権力の発動により排除されたのである。他方それは同時に、「保護」政策の実行に際し、「保護」対象たるアイヌの意志如何が、何らかのかたちで斟酌されざるを得ない構造が示されたことにもなる。『旧土人保護』は天皇や国家の「恩沢」や「仁慈」を示す事業とされ、その対象たる「可憐なる」アイヌの意志に反した政策を、公然とはとり難い側面があったからである。

3　第三次事件と「豊栄互助財団」

進む市街地化のなかで

第三次事件は、栗山らの運動の挫折により旭川町への保護地貸付期間が三〇ヵ年と定められた、その期限が迫るなかで展開された、三年間にわたる運動である。貸付期間の三〇年で、保護地を取り巻く環境は大きく変化した。旭川町には一九一四（大正三）年に区制が、次いで一九二二年に市制が施行された。字近文《あざちかぶみ》であった保護地は、一九二八（昭和三）年に都市計画区域に包含され、翌年には地名変更がなされ北門町《ほくもんちょう》・錦町《にしきまち》・緑町《みどりまち》・川端町《かわばたちょう》など八つの町に区分された。保護地の一部は地方費や市有地に編入され、師範学校（一九二二年）や小学校（同年）が設置された。一九三〇年には保護地の北東端に旭町《あさひまち》三丁目電停が置かれた。つまり、市街地化が一層進んだわけである（図1）。一九二六年六月に、大蔵省が道庁の監督官庁である内務省に、「旭川市近文所在旧土人保護地」のうち小作人への有償転貸地の地種を、北海道国有未開地（国有財産未開地）から雑種財産に変更すべきと申し入れたのも、故なしとはしない。

保護地の管理者である旭川市や、同地を市から有償で転貸を受けていた小作人たち（そのほとんどが和人）は、こうした状況を受け、貸付期限満了時の処分を要求する動きを見せる。小作地（有償転貸地）の縁故特売を主張したのである。市や市会は、保護地全地の市への無償附与もしくは売り払いを求め、道庁に働きかける。市会では、アイヌを転住させての都市計画が公然と論じられた。小作人たちは「旭川市近文官有地借地人組合」を組織し当局への小作争議の可能性をほのめかしつつ、「旧土人保護目的」よりも「自作農創設」策を優先した処分を求めた。

近文アイヌは、こうした主張に反駁し、保護地の所有権を主張する必要に迫られたといってよい。ここで重要なのは、以下にみるように、保護対象として緘黙の存在に甘んじたのではなく、当事者として主体的に発言・対応を進めたという点である。しかも一九三一年八月から三三年七月頃までの二年間にわたっては、いくつかの形態をかえつつも、近文アイヌが主体的に構築した組織や会議が、この問題に関与・発言し続けたのである。

北海道庁では一九二二年を境に、「旧土人保護」の政策を転換させる。道庁の強い関与の下でのことではあったが、各地に互助組合を結成させ、市町村長が兼務する組合長の下、アイヌの互選による評議員を置いた。北

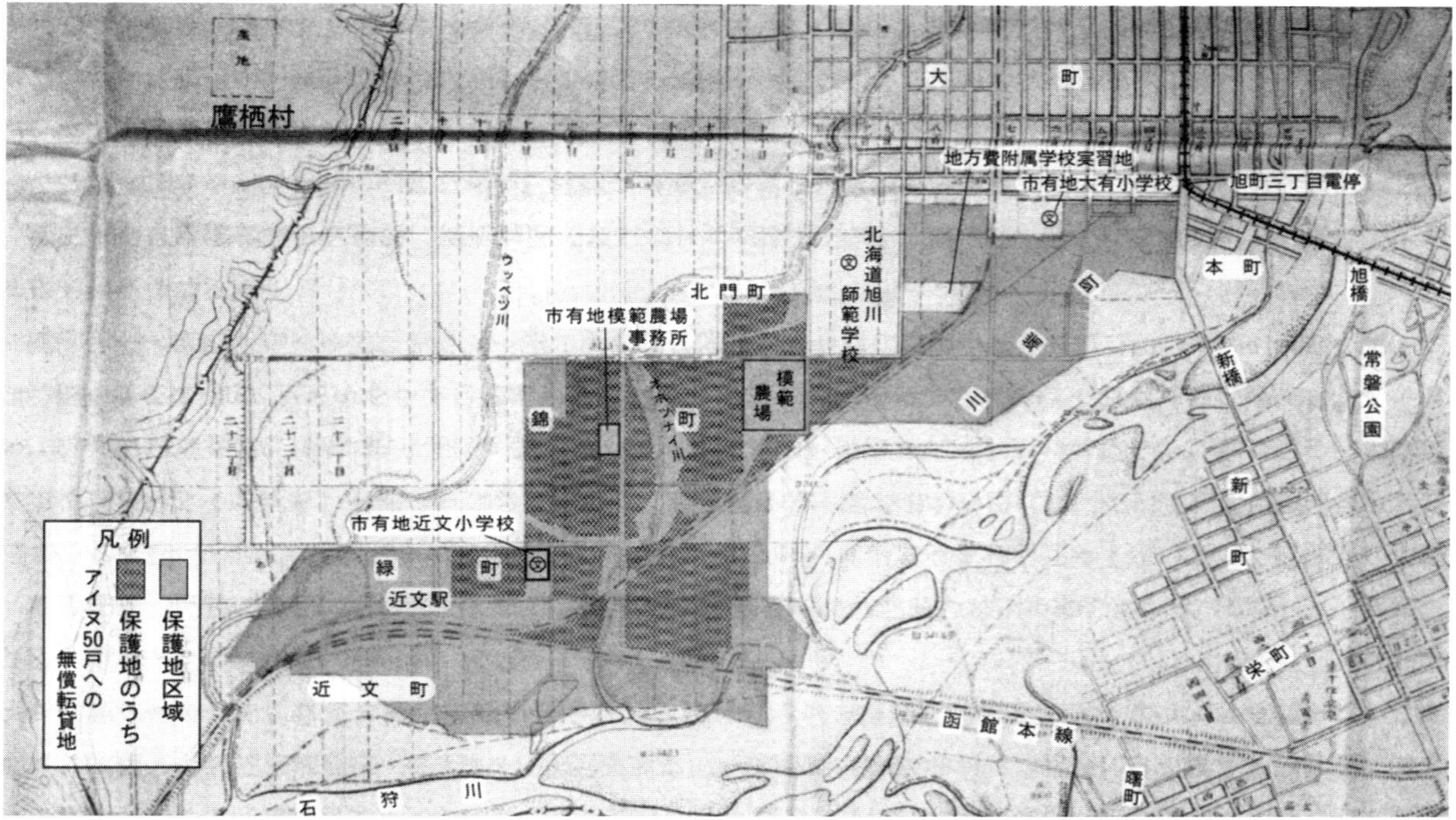

（注）1933 年 9 月 12 日測量図（「保護用地処分」所収、北海道立文書館所蔵簿書）に加筆.（出典）『新旭川市史』第 4 巻 567 頁.

図 1　1932 年現在の近文旧土人保護地概要図

海道旧土人保護法により給付された給与地の管理に、アイヌの部分的な関与を認めたわけである。近文でも一九二二年に「近文アイヌ互助会」が結成されていたが、これはアイヌ各戸支出の会費により運営される冠婚葬祭や親睦に関する互助組織であり、旭川市に貸し付けられた「保護地」の管理経営には何ら関与することはできなかった。一九二六年頃から近文アイヌの一部に、保護地の「解放」を目指して労働運動や無産政党への接近がみられたり（竹ヶ原幸朗 一九九八年）、「北海道旧土人保護法」の改正を求めるアイヌによる全道規模の会議に参加・連携する動きがみられたりするのは（山田伸一 二〇一一年）、こうした事情が背景にあってのことと思われる。

互助会の運営、労働運動・無産政党への接近、アイヌ主体の会議への参加は、この時期の近文アイヌによる保護地自主管理を求める運動に大きな影響を与えたと目される。すなわちそれを目的とした、近文アイヌ全体を糾合しての組織を立ち上げるとともに、他地域のアイヌや外部有識者の参加を仰いだ会議を主催し決議を発信する動きを示したのがこの時期の運動のスタイルで、その運動の理論的側面を支えたのが社会主義的色彩（その範疇を超える地平を示す点は後述）を帯びた思想だったからである。本稿冒頭で触れた松井国三郎は、こうした運動の理論的主柱であったと目される。

“旭川市豊栄互助組合”という主張

互助会の組織は、一九三二年一〇月と認識された旭川市への保護地貸付期限を前にした、一九三一年八月二五日を境に保護地の下付を目的とした運動組織に特化する。「旭川市豊栄互助組合」という組織がそれである（北海道庁殖民課「昭和八年 旧土人保護」〔一〕・〔二ノ一〕・〔二ノ二〕〔道立文書館所蔵簿書〕所収文書。以下、本節・次節における道庁収受文書の出典は本史料に拠った)。「豊栄」という名称は、かつて道庁が民族別教育を実施していた際に近文に設置されたいわゆる〝アイヌ学校〟のひとつである「豊栄尋常小学校」の名称を冠したものと考えられる。「豊栄」という名称はこのほか、労農政党支部名や青年団名・神社名・町内会名・愛国婦人会支部名など、近文アイヌにより自ら組織された団体に付されている場合が少なくなく、いわば近代近文アイヌ集団の自称として用いられている。

設立に際し組合では、近文アイヌ各戸からなる組合員総会を開催し、宣言文と決議文を採択するとともに、組合長・副組合長各一名ならびに評議員六名からなる役員を選出している。組合長には篤農家として知られた鹿川《しかがわ》利助《りすけ》、副組合長には裁判所廷吏の職歴を有する荒井源次郎がそれぞれ就任した。評議員制度は三〇年前の「上川土人自治義会」にもみられたが、当時それを主導した栗山国四郎の名や、この後に組合を主導していくことになる松井国三郎の名は評議員のなかには見えていない。

組合では当初道庁長官に対し、保護地のうちアイヌへの現状無償転貸地四九町歩余の無償下付と、分家・新規寄留者への土地六町歩余の無償付与、ならびに組合基本財産として現模範農場用地四町歩の無償付与を要求した。無償付与の根拠法は北海道旧土人保護法と認識され、従ってアイヌへの土地処分権付与を目指す同法改正が併せて求められている。一方、小作人一二二名(うちアイヌ一、法人三)への有償転貸地等八九町歩余のうち八三町歩余については、その自主管理を直接は求めていない。この段階での要求は、保護地全地の自主管理を求めた「上川土人自治義会」当時の構想より一歩退いた印象があり、近文アイヌ各戸に所有権を帰すかたちでの自作地の確保に力点が置かれているものであった。

保護地自主管理の理論

しかしながら、組合発足から四ヵ月後の一九三二年一二月一九日に、この方針は一新される。近文アイヌ各戸は「近文旧土人部落民大会」を開催し、保護地全地の「無償附与」とその「戸主全部ニ均等所有」を求める決議をなし、その実行を道庁長官へ請願したのである。大会ではこの決議を実現するまで、運動の一切を代理する代表者五名を、次の通り選出した。

荒井源次郎・小川原亀五郎・空知実・藤戸石太郎・松井国三郎

この五名は、先に結成された旭川市豊栄互助組合の評議員とは、副組合長の荒井を除き顔ぶれが異なる。新たな方針への転換が示されたものとみてよい。そしてこれ以降、松井国三郎が運動の表面に立って活躍していくこととなっていく。その方針は、翌一九三三年一月一一日に近文アイヌ四二名を願人とし道庁長官へ提出された「請願書」と、その別紙である「旧土人生活維持向上ニ関スル意見書」に現れている。

すなわち、保護地全地の管理権の移譲を求め、その管理には新たに設置する「財団法人豊栄互助財団」があたる、という構想がそれである。「請願書」には、保護地が「面積ノ割合ニ利用価値ノ高イ」点を活かし、農地としてではなく住宅地として利用することを目指す構想が語られる。よって近文アイヌは道庁長官に、保護地の「北海道旧土人保護法」ではなく「北海道国有未開地処分法」による下付を求めた。「北海道旧土人保護法」で給与される「旧土人保護地（給与予定地）」は農地に限定されており、同法が目指しているのはアイヌの農民化による「保護」だったからである。これに対し松井らの方針は、都市のなかの保護地を、宅地開発を念頭に置き、地主経営を行なおうというものである。「北海道旧土人保護法」に規定された当局による「保護」の方針からは乖離した、近文ならではの構想であったといってよい。

コルホーズとアパートと

その具体的内容を、請願書に添付された「旧土人生活維持向上ニ関スル意見書」に拠ってみてみよう。

旧土人生活維持向上ニ関スル意見書

一、近文現住旧土人ハ、給与指定地（国有未開地）百四十参町参反参畝二十八歩ヲ、付与ヲ受ケ左記ノ如ク生活ノ維持向上ニ資セントス、

一、財産上各戸平等ノ権利ヲ以テ財団法人ヲ組織シ、生活ノ維持向上ニ必要ナル左ノ事業ヲ行フ、

事　業

1、農耕

集団経営・共同耕作ヲ以テ百町歩ヲ之ニ充テ、自家用及有利ナル農作物ヲ栽培シ、一反純益二十円平均ノ収入アル様ニ進歩的施設ヲ為ス、

2、住宅地経営

全地域ヲ都市発展ニ適応シテ宅地タラシムルノ計画ヲ樹テ、工業・商業・住宅地ニ区分シ順次宅地ニスルモ、最初三十町歩分割シ、道路・下水其ノ他公益施設ヲ行フ、

3、住宅

不燃質永久的建築約千坪ノアパートを建築シテ、一戸約十坪ノ居室ニテ全戸ヲ収容シ、浴室・共同食堂設備、地下野菜貯蔵庫等ヲ設ケ、燃料其他生活費ノ節約ヲ図リ、文化生活ヲ営ム、建築費約十七八万円ノ見込、

4、教育・衛生
児童ノ育英教育費ハ一切法人ノ負担トシ、有為ノ人材ノ能力ヲ啓発セシムルコト、衛生・治病ノ費用モ一切財団ニテ負担スルコト、

以上ハ計画骨子ニシテ、其他社会的施設ハ時宜ニ応シテ行フモ、財団ノ収支予算ハ別紙ノ如シ、

一見して、付与を受けた土地（保護地全地）を共同所有し、そこから得られる収益も共有しようとする志向が濃い、さながら当時ソビエト連邦で組織されていたコルホーズ（集団農場）を髣髴とさせる構想であるとの印象を受ける。下付地のうち百町歩は農耕地とするが、その耕作形態は「集団経営・共同耕作」と構想されている。その他の地所は住宅地としての経営が構想されるが、そこから得られる収益も「財産上各戸平等ノ権利ヲ以テ」組織された「財団法人」により集約され、再配分されることが構想されている。また、住宅に関しても、アパート（集合住宅）を建設し、そこへ各戸が入居することが構想されている。そして、収益の再配分に際しては、教育・衛生に関する負担を優先させ無償にしようとする構想が示される。総じて、戸別経営ではなく集団経営に軸足を置いた構想であったとみることができる。

自主管理財団の組織

ここにいう「財団法人」は、「財団法人豊栄互助財団」と称され、三章三三条からなる「財団法人豊栄互助財団寄付行為」（一九三二年一月制定、「旧土人保護〔一〕」所収）の規定により運営されるものとされている。この規定によると、道庁長官から保護地全地の下付を受けた暁に、地所は一括して財団に寄付され、その管理下に置かれる。財団は主に地所からの収益により運営される。地所のうち現在アイヌ各戸に無償転貸されている約

表2　豊栄互助財団収支概算計画書（1932年1月）

資産	農耕地・住宅地	130町歩
	住宅	180,000円
収入	農耕地100町歩1ヵ年純益	20,000円
	宅地9万坪賃貸料	16,200円
支出	経営費	2,400円
	全戸1ヵ年ノ生活費	20,000円
	衛生・治病費	3,000円
	子弟教育育英費	8,000円
	予備費	2,800円

（出典）昭和7年1月11日道庁長官宛小川原亀五郎外41名請願書別紙「財団ノ収支概算書」（「旧土人保護〔一〕」所収）.

五〇町歩は基本財産とされ、売却を禁じている。一方現在旭川市が小作人に有償転貸している約八〇町歩については普通財産とし、財団理事会の判断で財団構成員（近文アイヌ各戸）の同意を得て売却する可能性を否定しない。そしてその売却益は、不動産もしくは国債・地方債・証券または株券に換え、基本財産に編入する、と規定されている。

この規定とともに一月一一日付願書に付されていた「財団ノ収支概算書」によると、保護地全地の下付を受けた場合の財団による収支計画は、表2の通りである。

これをみても、農業経営収益と宅地経営収益を財団が一手に管理し、それを再配分する、というシステムが構想されていることが明らかである。収入からの各戸への配分総額は一ヵ年二万円とされている。同じく願書に添えられた五章一四条からなる「財団法人豊栄互助財団附属規定」によれば、一戸あたりの配分額は三〇〇円とされている（第二条）。一九三三年一〇月調の「近文旧土人生活状態調」（『旭川市旧土人保護地処分法案資料』）によると、年間四〇〇円以上の収入のある家は、六六戸の現住者のうち川村イタキシロマ（四二〇円）・鹿川利助（四五〇円）・荒井ケトチナイ（四一五円）の三戸のみである。二万円を現住者六六戸で均等割をすれば一戸あたり三〇三円余となるが、この水準を上回るのもこの三戸のみであり、大多数の近文アイヌにとって、この計画は現在の生活状況を改善する案として提示されたことになる。なお、財団の前身である豊栄互助組合の組合長を務めた鹿川利助はこの後、財団構想とは一線を画す姿勢をみせることになるが、その背景には、鹿川自身が和人とともに有償転貸地を貸与されていたことに加え、この構想では現在の経営に比してメリットが少なかったことがあったものと考えられる。

都市計画運動との接点

「財団法人豊栄互助財団附属規定」によると、住宅は「無料ニテ供給」とされている（第三条）。ここでいう住宅とは、先に触れた「旧土人生活維持向上ニ関スル意見書」にみえる「不燃質永久的建築約千坪ノアパート」を指すものと考えられる。この構想は、実際に建築が検討され、後に天川恵三郎と松井国三郎が陳情のため上京した際、一九三二年四月に東京市役所建築課の石原憲治技師と会見し、「アイヌ民族の近代的農村街建設」につき意見交換していることが知られる。当時石原は、東京市の震災復興計画を策定するなど数々の都市施設設計に携わる一方、都市計画に美の観点を取り入れようとした都市美運動や農民建築研究を主導するなど、実践的な都市計画学の専門家として知られた存在であった（中島直人　二〇〇五年）。

報道によると天川と松井は石原に、「予算十八万円不燃質の共同住宅を旭川市アイヌ部落につくり農村生活改良の先駆者とならうといふ輝かしい希望」を表明し、「敷地約一千坪、此処に彼等六十三戸三百余人の集団生活の根城をつくるもので近代式の新らしい農村街の先駆をアイヌ族がつとめることになる」ことを表明した。これに対し石原は、「いはば農村の共同住宅であつて私も随分永く研究してゐるところだからこの際全力を傾注しこれが実行に当りたいと思ふ」と応じている（『北海タイムス』一九三二年四月一五日付）。アイヌ自らによる近代的住宅の建築は、先述の如く天川恵三郎により既に一九〇〇年の段階で構想され、未遂におわったものの、実際に建築請負契約が交わされた、という先例がある。「北海道旧土人保護法」の適用による近代化とは一線を画し、自主管理地の収益をもって「文化生活ヲ営ム」拠点を建築する構想であったものと考えられる。ただし、一八万

表3　育英・衛生・保険・治病費の支給規程

青年・子弟育英費		
	出生～学齢までの児童	1人当り年24円
	小学児童	36円
	中等学校入学者	100円
	高等学校以上入学者	500円
	託児事業費	年間2,000円以内
衛生・保健・治病費		
	衛生・保健・治病費	年間3,500円以内

円と計画されるその建築費用に関しては、かつて天川が構想し挫折した構図と同様、保護地全地の下付を前提としたうえで、財団の一括管理する当該地を担保とした借入金もしくはその売却益を想定したと考えられ、従ってその成否は構想が道庁に受け入れられるか否かにかかっていたと捉えなければならない。

育英費による将来構想

また「財団法人豊栄互助財団附属規定」には、「青年・子弟育英費」（第三章）と「衛生・保健・治病費」（第四章）に関する支給規定が、表3のように定められている。中等学校入学者や高等学校以上入学者への支給を定めている点は、当時実際に近文アイヌの家から上級学校への進学者が存在したことに加え、向井山雄（立教大学）や知里高央《ちりたかなか》（小樽高等商業学校）・真志保《ましほ》（第一高等学校→東京帝国大学）兄弟など、アイヌの家庭から高等学校以上への進学者が出始めていたこととの関連を指摘すべきだろう。また、託児事業費の予算を計上している点は、この構想が生活に根ざした側面を有していたことを表しているものと捉えられる。

このように豊栄互助財団による保護地一括管理構想は、生活費や衛生・教育に関する支援を、行政による「保護」の施策の範疇ではなく、自主管理する地所からの収益で主体的に賄おう、とするのが特色である。一九三二年一月一一日付で、財団による保護地一括管理構想というボールが、道庁に投げかけられたのである。

4　松井国三郎の実践と思想的地平

先鋭化する主張

従来の「旧土人保護」政策の基調から大きく逸脱した財団による保護地自主管理構想は、当然、道庁の容れるところとはなり難かった。一月一二日にこれらの構想を前提とした請願書を収受した道庁殖民課では、当面検討することとし、回答を先延ばしとした。

これに対し、松井国三郎は請願書の内容とともに財団寄付行為・財団附属規定・財団予算案をガリ版で印刷し流布させるとともに、道庁へも送付した。一月一九日のことである。版元は「旭川市近文　財団法人豊栄互助財団創立委員会代表　松井国三郎」である。印刷媒体を用い、問題を広く世に問う戦略に出たのである。道庁はこれを黙殺したものの、二月には旭川市会でこの問題が取り上げられ、三月四日には保護地有償転貸地小作人で組織した「旭川市近文官有地借地人組合」が道庁長官に改めて転貸地の縁故特売を陳情した。

印刷媒体による松井の保護地全地下付を求める運動は、それに留まらない。無産運動の使用する文体を用いたアジテーション調の檄文を発行し、世に問うとともに道庁に送付したのである。「財団法人豊栄互助財団創立委員会（松井方）」名義で起草された、「親愛なる全道のウタリー諸君」へ向け「檄！」と題したビラがそれである。道庁の収受は昭和七年三月一二日であり、殖民課内で回覧されている（「旧土人保護（一）」）。この檄文は、「保護はキッパリ断はろう。自主的建設に邁進しよう」、「起て！全道のウタリー諸君、吾々の闘を勝たせよ」、「ギマン的保護を廃せ！／吾々に土地を返せ！／旧土人自主的建設万歳！」といった調子の文章により記されたもので、「全道のウタリー」へ連帯と支援を呼びかける内容となっており、これまで道庁や内務省へ提出された陳情書とは大きく様相を異にしている。この檄文の文体からは、保護地の財団による集団的自主管理体制構想を実現させるため、無産運動との密接な対話や連携の可能性を当局に示す戦略を認めることができよう。無産陣営との連携を仄めかすことにより、「保護」の対象たる「可憐」な「旧土人」、という図式を担保すべき行政当局への揺さぶりを狙ったものとも捉えられ、それを起草したと目される松井国三郎の運動観は注目に値する。松井はこのほか、三月中に旭川で記者会見や講演会を相次いで開催し、報道を通じて財団による保護地一括管理構想を発信していく。

道庁による分断工作

これに対し道庁では、何らかの対応を表明する必要に迫られた。庁内でこの案件を直接担当したのは、土地処分に関する窓口である拓殖部殖民課属の金丸喜次郎と、社会問題を担当する学務部社会課属の喜多章明とであった。松井の運動への対応については社会課の扱いとされ、四月八日に至り喜多が調査のため近文に派遣された。喜多の携行した保護地処分案は、アイヌへの無償転貸地五〇町歩のみの下付案であり、小作人への有償転貸地についてはは全道アイヌの共有財産とする案であったと目される。これ以後、近文アイヌのなかに財団による保護地一括管理案を追求するいわゆる〝財団派〟と、道庁案の履行により現無償転貸地の下付の確約を求めるいわゆる〝穏健派〟との対立が惹起していくことになる。四月一七日に至り、この道庁案が社会課長のコメントとして報道されるや、〝財団派〟の松井らはこれを情理を尽して激しく反駁するものの、対立は表面化する。さらに道庁が〝穏健派〟の主張を近文アイヌの意志として採用し、〝財団派〟の主張を松井をはじめとする一部先鋭化したアイヌの暴論として退けるに至り、結果的に松井の戦略は奏功せず、その主張は徐々に支持を失っていくこととなったのである。

その後松井の運動が確認できるのは、①一九三二年四月六日から五月二日にかけて天川恵三郎とともにおこなった上京陳情活動と、②五月一五日に近文で開催された「全道旧土人代表者会議」への議長としての参加、ならびに③六月九日に開催された師範学校への保護地一部転用へ反対する「近文旧土人部落民大会」への代表としての参加と抗議文の発行である。前二者の運動は、当局へ「保護」当事者であるアイヌの意志を表明するという点で一定の効果を有したものの、③は抗議表明にもかかわらず、結果的に道庁の恣意により保護地の処分（師範学校への附与）がなされてしまった。このことは、近文アイヌの多くへ保護地一括管理案の実現性に疑問を投げかけることとなったと目され、実際、これをもって松井を軸とした運動は見られなくなったのである。以後、運動の大勢は変質し、保護地全地の近文アイヌによる潜在的な所有権の確認と、現無償転貸地五〇町歩の各戸下付の確実な履行を求めることとを方針とするに至る。この方針は、保護地のうち和人主体の小作人への有償転貸地の保護地としての確保＝道庁管轄権の確認を求める道庁の方針（大蔵省はこれの国有雑種財産への編入を求めていた）とも合致したため、同床異夢ではあるが奇妙な親和性を伴いつつ、アイヌの意志として示されていくことになる。

自主管理構想と無産運動

最後に、財団による保護地自主管理を追及した松井国三郎の思想的地平につき、ごく簡単に触れておきたい。先ほど引用した檄文に象徴されるように、財団によるコルホーズ的な集団経営構想は、社会主義的な色彩が濃いものであったと位置づけられる。その背景には、近文アイヌと木下源吾市議ら旭川における無産運動家との従来からの接点があったものとみてよいであろう。木下は旭川に拠点を置き、旭川合同労働組合や日本農民党・労働農民党の地区幹部を歴任し、大正末年頃から保護地「解放」の問題に携わった人物である。松井は、近文アイヌ有志により保護地の確保を目的に日本農民党や水平社と連携し大正一五年に結成された「解平社」の発起人の一人であり（竹ヶ原幸朗　一九九八年）、当時木下の紹介で日本農民党の党籍を有していた（『同愛』一九二六年一一月号）。

参照されるアリューシャンの事例

しかしながら、松井の示した保護地を対象とした財団による集団的経営構想は、共産主義や社会主義といった無産運動の理論を単純に当て嵌めたものとはいえない側面がある。たとえば、上京運動中の松井が「部落の人々」に送ったとされる次のような書簡に、それはよく表れている。

北米アラスカの附近の島々にク〔ア〕レウート人といふアイヌ族に頗る似かよつた民族が住んでゐた、現在は理想的なアメリカの保護法下、財団法人組合を組織し平和な生活をなしてゐる、人口は五百名と伝へられるが毎年黒狐弐百頭を獲つてその利益を公平に各人に分配するが、それも大きな島だけの事で、小さな島の捕獲物は一切個人の自由にまかせてゐるのである、同財団の年予算は二百万ドルとか、然かも一ヶ年の共同労働は六週間である云々と

×　×

併しクレウート人が今日このやうな明るい日を過ごしてゐるのも一朝一夕の努力によるものではなく、数十

年に渉る涙ぐましい闘争の結果である、ウタリーよ一致団結せよと力説するあたり、あつぱれのリーダー振りだ（『小樽新聞』一九三二年四月一九日付）

報道に引用されたものであるから原文と異同はあろうが、趣旨を窺うことは十分可能なテキストである。松井はこの書簡で、アリューシャン列島のアレウト民族（ウナンガン）の現状を引き合いに出し、「財団法人組合」の有効性を説いているのである。それが実態を反映したものであったか否かは別として、ここでは、近文の現状と松井の言うアレウトの現状との間に、いくつかの対置がなされている。「理想的なアメリカの保護法」は改正されるべき北海道旧土人保護法と、「人口五百名」は近文アイヌ約三〇〇名と、利益の公平な分配は財団による収益再配分構想と、共同労働の「大きな島」は近文の普通財産地（共有地）と、個人の可処分所得を認める「小さな島」は近文の基本財産地（現耕作地）と、それぞれ対置して読むことができる。つまり松井は、財団構想のモデルとして、アメリカ合衆国における先住権に立脚した政策を挙げているのである。

なお、ここで松井の紹介するアレウトの「財団法人組織」とは、アリューシャン列島東部ウムナク島を中心とするニコルスキー地方のアレウトを対象に一九三〇年代に組織されたチャルカ会社（Chaluka Corporation）を指すものと考えられる（ラフリン・W・S　一九八六年）。同地方のキツネ養殖による好況は一九三三年に終わるとされているから（Alaska Community Database〔CIS〕）、松井の同時代認識は精確なものといってよい。その情報収集のアンテナの広さと的確な解釈や発信は、松井の運動と思想の真骨頂ともいえるだろう。

松井国三郎の思想的地平

ここにおいて、松井の思想的地平は、単なる一地方の無産運動家が指導する実践の枠に止まらず、近代国民国家の抱える矛盾のひとつである先住権の問題を媒介として、広く世界に視線が開かれる可能性を孕んだものとなっていることが明らかである。それは図らずも道庁や内務省当局が懸念した『文明国トシテ人道上ノ批議』（一九三二年九月二二日道庁拓殖部長宛学務部長依頼添付「別紙方針」、「旧土人保護（一）」所収）を招くことへの危惧と通底する、重要な論点であったとみてよいだろう。すなわち、政府による無産運動への弾圧という文脈では解決しえない構図を、松井はこの運動に際して描いていた、ということになる。従って道庁当局は、こうした松井の示す理論を受容することは到底できなかったのである。

なお、当時二六歳であった松井がこうした思想的地平を獲得した背景について、知られるところは少ない。こうしたなかで荒井源次郎はこのことに関連して後年、「松井という当時の少年は、母親一人という家庭的環境が悪く、高等小学校一年で退学し、その後働きながら夜間中学校を卒業し、また早稲田大学の講義録などで独学に励み、後に労働運動や農民運動に身を転じて活躍しましたが、惜しくも三十代で他界しました」と回顧している（荒井源次郎　一九八四年）。

おわりに

未来図のもつアイヌ史的意義

天川にはじまり栗山の構想を経て松井の思想に結実した、近文アイヌによる保護地自主管理の夢は、どういった意義を有したと捉えられるか。ひとつはそれが、旭川町（市）や北海道庁、延いては国家による「旧土人保護」政策を、実態のうえで相対化した点にある。つまり、殖民地区画に際し控除された「旧土人保護地」を、「北海道旧土人保護法」により農地として給与し、そこでの自作農としての自立を支援することで「保護」の実を挙げようとした方針から、完全に逸脱した方針を示したのである。これは、急激に都市化した地域のただなかに置かれた「保護地」という特殊性を背景にした構想であったが、このことは都市計画地を管理する能力を「旧土人」が有するということを示さなければならなかったという点にも目を向けておく必要がある。

「北海道旧土人保護法」の問題点に、アイヌ自身による被給与地の処分権（＝所有権）に著しい制限を加えた点があった。その制限は、「保護」対象のアイヌを無知蒙昧視する基調に発していた。当時アイヌにより叫ばれていた同法改正要求は、この点の撤廃を求めたものであったから、アイヌの無知蒙昧性を否定する実態を示すことが試みられた。日本社会への同化ぶりをあえて主張する論調は、そのひとつの現れであったとみてよいだろう。近文のケースは都市計画地の自主管理を求めたものであったから、それはなおさらであった。天川・栗山ならびに松井の示した言論は、交渉当事者としての力を示す効果が大いにあったといってよい。無産運動との接近や財団法人構想の印刷媒体での公表、あるいは上京運動に際しての東京や函館での「アイヌ文化展覧会」開催準備交渉などは、アイヌの当事者性を社会へ主張する手段として実践された運動とみることができる。近文ではその同化ぶりを主張するのみではなく、「世人ノ誤レル認識ヲ是正スルタメ木彫講習会ヲ開」いたうえで、「ソノ作品ノ展覧会」＝「アイヌ文化展覧会」を開催する途をも選んでいる。アイヌ文化を示すことで、その文化的力量を主張し、「完全ナル社会人」としての評価を得ようとしたのである。

松井国三郎はこれに加え、目を海外にひろげ、近代国家の先住権への対応の仕方を比較することで、この問題を国家の道徳の問題にまで高めて議論を行なおうとした。しかし道庁ではこうした意見を容れようとはせず、近文アイヌ間を分断させたといってもよい工作を行ない、松井の構想を孤立させ圧殺したのである。天川が予戒命令により、栗山が警察署拘引によりそれぞれ排除されたのと、これは同様の構図であった。当時の「旧土人保護」政策は、あくまでも当局による「保護」対象の位置に置かれた「可憐」なアイヌに向けられるべきものでしかなかったことを、このことは雄弁に語ってくれる。これは裏を返せば、当局により排除されるだけの迫力をもった構想や運動を、近文アイヌが持ち得たことをも表している。近代アイヌ史の示すひとつの側面として、明記されるべき点であろう。

近代日本社会の向けた視線

一方、報道は松井の思想を取り上げはしたが、当時の社会や世論は結果的にそれを受け止めることはなく、「旧土人保護」の政策基調を改めさせる動きを生むこともなかった。社会的少数者に対する想像力や敬意を、まだ持ち得ていない社会のすがたが示された格好であり、この点は現代日本社会にも通ずる問題点のひとつであろう。一九三四（昭和九）年一一月一日、冒頭で述べたように近文の「旧土人保護地」は、新たに制定された「旭川市旧土人保護地処分法」によりアイヌ五〇戸へ現転貸地である各一町歩のみが単独有財産として下付された。これに関しては、天川以来の保護地下付を求める運動が、まがりなりにも実現したことになる。ただし、その処分権に関しては改正北海道旧土人保護法の定めるアイヌを蒙昧視することを前提とした制限が準用されることとなったため、それへの意義申し立ては継続して叫ばれることになる。

残地八〇町歩余（和人小作地）はアイヌ各戸の共有財産とされ、地代収益は近文アイヌの福利厚生に資するものとされたものの、その運用は道庁長官の指名した管理委員会に委ねられ、その過半数を近文アイヌが占めることがなかったため、アイヌの意志によらない管理体制が構築されるに至った。近文アイヌによる保護地全地自主管理の夢は、ここに断たれたのである。そして第二次世界大戦敗戦後、農地改革に際し近文アイヌはGHQ当局により共有財産地区の不在地主とみなされ、道庁当局がこれを追認した結果、同地は小作人に「解放（＝縁故特売）」され、潜在的な所有権をも失ってしまうのである。一九四九年のことであった。残された共有財産は、それまでの地代収益と「解放」時の売却益との残金で、冒頭で触れた一九九七（平成九）年の道庁公告時点でわずか七五万四五一九円に過ぎなかった。

荒井源次郎のプロテストと現代

近文アイヌの描いた保護地自主管理の夢は、しかし、近文の地に言論として残された。松井の退場以後、当局との困難な折衝の主体となった荒井源次郎（一九〇〇〜一九九一年）は、共有財産管理委員会から排除されて以後も、長年にわたり言論活動を継続したが、それは以下に見るようにユニークな論理によるものであった（谷本晃久　二〇〇五年）。すなわち、アイヌを無知蒙昧視する北海道旧土人保護法の撤廃を求める一方で、他地域のアイヌの多くが求め、結果的にそれがアイヌ文化振興法として実現した、それにかわる特別措置法の制定をも批判したのである。荒井はアイヌを対象とした特別措置法の制定は「内容はどうあれ」、「アイヌを保護民だとのレッテルをはる」ことにつながるとして、「断固反対」の主張を行なったのである（荒井源次郎　一九九〇年）。荒井は「自己の民族文化」の「保存育成」に意を配りつつも「いたずらに過去の悲惨に涙を絞ることなく」「将来の光明を求めようではないか」と主張する。その際期待されるのは「ウタリが奮起して社会に進出すること」であるとする（同上）。即ち、特措法制定による生活文化状況の改善を求めるのではなく、北海道旧土人保護法撤廃により平等な土俵を整えた上での自助努力を求めているのである。こうした主張は、ともすれば「同化」「融和」

論に通じていく可能性を孕んでいるが、荒井にあっては民族文化伝統の「保存育成」とこうした主張とが矛盾することなく併存している点が特徴的である。

荒井のこうした思想は、いうまでもなく第三次事件に際して松井や荒井の示した運動方針を引き継いだものといってよい。アイヌの文化伝統を持したうえで、それへの蔑視や無知蒙昧視を向ける日本社会に異議申し立てを行い、それに基づいた「保護」政策の撤廃を叫び、そのうえで公民としての自助努力をアイヌ各自に求めていく。荒井の一貫した主張は、こうした思想を共有した砂澤ビッキの芸術を生むなど（谷本晃久 二〇〇五年）、戦後のアイヌ文化・言論空間に一定の影響を及ぼし、その言論活動の長さともあいまって敬意を払われたものの、近文以外の地域への広がりを持ったものとは必ずしもいえなかった。しかしながら、都市のなかの保護地の自主管理構想をめぐってうまれた思想的地平は、近現代アイヌ社会の示した可能性のひとつとして、重要な位置を占めるものと考える次第である。

主要参考文献

〈史料〉

奥田千春『事実考』所収「旧土人保護（其三）」（旭川市史編集事務局架蔵本）
河野本道編『対アイヌ政策法規類集』（アイヌ史資料集第二巻、北海道出版企画センター、一九八一年）
『第六十五回帝国議会提出　旭川市旧土人保護地処分法案資料』（アイヌ史資料集第二巻、北海道出版企画センター、一九八一年）
北海道庁殖民課「昭和八年　保護用地処分」・「昭和八年　旧土人保護」（一）・同（二ノ一）・同（二ノ二）（北海道立文書館所蔵簿書、請求番号A7―1―3511～3514）
『小樽新聞』
同愛会機関誌『同愛』

『北海タイムス』

〈**文献**〉

「アイヌ民族共有財産裁判の記録」編集委員会編『百年のチャランケ』（緑風出版、二〇〇九年）
旭川市史編集会議編『新旭川市史』第一巻通史一（旭川市、一九九五年）
原田一典「近世後期の上川アイヌ」　＊同右書所収第二編第四章
旭川市史編集会議編『新旭川市史』第二巻通史二（旭川市、二〇〇二年）
谷本晃久「近文アイヌと給与予定地」　＊同右書所収第四編第七章
旭川市史編集会議編『新旭川市史』第三巻通史三（旭川市、二〇〇六年）
谷本晃久「近文アイヌと「旧土人保護地」移転問題」　＊同右書所収第五編第六章
旭川市史編集会議編『新旭川市史』第四巻通史四（旭川市、二〇〇九年）
谷本晃久「近文アイヌの「給与地付与」要求と「処分法」の制定」　＊同右書所収第七編第六章
荒井源次郎『アイヌの叫び』（北海道出版企画センター、一九八四年）
荒井源次郎『続　アイヌの叫び』（北海道出版企画センター、一九九〇年）
荒井源次郎『アイヌ人物伝』（私家版、一九九二年）
井上勝生「明治維新とアジア」（『岩波講座　東アジア近現代通史1　東アジア世界の近代』岩波書店、二〇一一年）
小川正人『近代アイヌ教育制度史研究』（北海道大学図書刊行会、一九九七年）
金倉義慧『旭川・アイヌ民族の近現代史』（高文研、二〇〇六年）
萱野茂ほか『アイヌ語が国会に響く』（草風館、一九九七年）
竹ヶ原幸朗「『解平社』の創立と近文アイヌ給与予定地問題」（永井秀夫編『近代日本と北海道』河出書房新社、一九八八年）
谷本晃久「意匠と普遍：彫刻家・砂澤ビッキの目指した地平から何を学ぶか」（『教科教育学研究』二三、二〇〇五年）
中島直人「都市美運動家・石原憲治の都市美に関する研究」（『都市計画論文集』四〇―三、二〇〇五年）
藤村久和「アイヌ独自の「学び」の姿勢がアイヌ自身の近代化を推進した」（『別冊宝島EX　アイヌの本』宝島社、一九九三年）

山田伸一『近代北海道とアイヌ民族』（北海道大学出版会、二〇一一年）
ラフリン、W・S著、スチュアート・ヘンリ訳『極北の海洋民　アリュート民族』（六興出版、一九八六年）
Alaska Community Database Community Information Summaries（CIS）所収「Nikolski」の項目、二〇一一年一一月一五日閲覧、ウェブサイトアドレス http://www.commerce.state.ak.us/dca/commdb/CIS.cfm?comm_boro_name=Nikolski

【謝辞】本稿執筆にあたっては、史料の閲覧・利用に関し、旭川市総務部総務課（市史編集担当）ならびに奥田春樹様に格別の御高配を賜った。記して感謝申し上げる。

五　近代の皇族
――彷徨《さまよ》える血統――

濱田英毅

はじめに――皇族の戦前・戦後――

近代日本では、皇室の存在を近代国家の基軸に据えるため、皇室制度の大改革を行った。多数の世襲宮家を創設して皇位継承に万全を期するとともに、皇室制度を近代法制で保護することで、皇族の身分を規定し財産を保障したのである。ところが現代の皇室制度をめぐる議論をみると、近代日本の営為が生かされているとは思えない。昨今話題になっている皇室典範論議である。

二〇〇一（平成一三）年に皇太子の第一子として愛子内親王が生まれたことをきっかけに、皇位の男系継承を大原則としている皇室典範の改正が急遽提議された。当時の小泉純一郎政権は皇室典範に関する有識者会議を設置し、男系継承にこだわらない皇位継承の在り方を議論させた。その結果、有識者会議は女性天皇・女系天皇を容認し、長子優先の相続とする結論を出した。しかし、日本国の位置付けにかかわる皇位継承問題の変革をただ一つの有識者会議で議論させたのみで結論としたのは、あまりに拙速であった。現代の皇室制度の基礎となった近代の皇室制度は、数十年にわたる議論を経てようやく整えられたものである。皇位継承という根本的な部分に手を加えようとするならば、余程議論を尽くして皇室制度の本質を見極め、改善すべき点があれば改善すべきである。

皇室はこれまで男系相続の原則を一切変えず、それを皇室制度の本質として守ってきた。時の政治体制と皇室の位置付けは何度となく変更されてきたが、この点は固守されてきたのである。そのため、いまだ男系相続の期待も残されているなかで有識者会議を設置し、女系容認の決定を下したことに対しては、一般国民から広く批判を受けたのみならず、政権の中枢にいた有力政治家からも批判をうけた。さらには普段意見を公に語ることのない皇族（三笠宮寛仁《ともひと》親王）や、戦後に臣籍降下した旧皇族（竹田恒泰）が積極的にメディアに登場し、反論を繰り広げ始めたのである。結局この問題は、二〇〇六年九月に秋篠宮家から悠仁《ひさひと》親王が生まれたことにより終息した。従来の男系継承を維持できる可能性が高まったためである。二〇〇七年になると、政権を引き継いだ安倍晋太郎は、有識者会議報告書の前提が崩れたとして、女系容認の結論を白紙に戻している。

男系存続の可能性は残されたものの、皇位継承の行方はいまだに悠仁親王一人に依っている状態である。今後、皇位継承問題が再び議論の俎上となることは間違いない。その時に拙速な議論・安易な解決とならないためにも、皇位継承とは何か、皇室制度とは何か、そしてそれを支えている皇族とはどのような存在なのか、あらかじめ議論を重ねておく必要がある。特に、現制度の素地となった近代皇室制度が何を受け継ぎ、何を発展させてきたのか。そして近代日本で皇族はどのような役割を果たし、存在していたのか検討することが重要である。以上の観点から近代日本の皇室制度を顧みることで、現代日本の皇室制度を考えるきっかけとなれば幸いである。

1　日本の近代化と皇室制度の変化

復権する皇族

皇位継承は男系といっても、実系（養子ではなく直系の実子による系統）のみで相続されてきたわけではない。天皇の実系男子がいなくなった場合、傍系（直系から分かれた親族の系統）の男系皇族を天皇に擁立することで皇室制度は維持されてきた。すなわち、皇位継承を守るとは「血のスペア」（三笠宮寛仁親王）である皇族の存在を充実させておくことなのである。

近世の皇族は、儲君（世継ぎ）のほかはみな出家することが原則であり（新井白石『折たく柴の記』）、仏門のほか文学・詩歌・古典・書画・雅楽を修めることを日々のなりわいとしていた。しかし、親王宣下で天皇の養子と認定することで、僧籍にある多数の傍系子孫を皇族（法親王）として確保していた。直系の世継ぎに何かあれば彼らを還俗（僧籍から復帰）させ、天皇に擁立する用意が整えられていたのである。また新井白石の建言により、皇統の保全のために閑院宮が新たに創設され、世襲親王家は伏見宮・桂宮・有栖川宮《ありすがわのみや》・閑院宮《かんいんのみや》の四家に拡充されている。皇室は政治上無力化された時代であったが、皇統を守ろうとする努力は朝廷の内外で続けられていたのである。

幕末維新期を迎えると、皇族の立場に大変革が生じる。尊王攘夷や王政復古といった時代を象徴するキーワードが示すように、いわゆる明治維新の核心は天皇の復権にあった。これによって、皇族もまた復権を果たす。従

図１　晃親王三相像

来の慣習で出家していた皇族は次々と還俗し、政治にも係わるようになっていく。そうした幕末維新期から近代にかけて生きた皇族のあゆみを一枚の絵として描いたのが、「晃《あきら》親王三相像」である。学習院大学史料館の刊行した『写真集　近代皇族の記憶―山階宮家三代―』の記事（長佐古美奈子）を参考に、絵の意味を解説すると次の通りである。

晃親王は一八一六（文化一三）年に伏見宮邦家親王の第一王子として生まれた。一八二三（文政六）年に光格上皇の養子として親王宣下し、翌年に出家して門跡寺院である勧修寺《かじゅうじ》を相続した。仏教経典や歌道・書道・茶道・雅楽の稽古を専らとして、一八二九年には東大寺別当となった。ところが一八四一（天保一二）年、西国へ無断出奔した罪で、翌年光格上皇養子・親王・二品・勧修寺住職・東大寺別当などの地位をはく奪され、伏見宮系から除外されてしまう。以後一六年間、東寺院家の真性院に厳重蟄居とされていた。上段の絵は、この時代の法衣姿を描いたものである。この法衣姿こそ、当時ほとんどの皇族たちの姿であった。

長い蟄居生活の間、晃親王は仏教だけではなく、日本や世界の情勢等に関し書籍を通じて勉学に励んでいた。ペリー来航や日米和親条約の締結など社会情勢が大変化を迎えるころには晃親王の英名の噂は高まっており、そのため一八五八（安政五）年には蟄居を解かれ、勧修寺への復帰・寺禄の回復が許されている。さらに一八六三（文久三）年になると島津久光や松平春嶽などの公武合体派が政治工作をして、翌年の一八六四（元治元）年に還俗し、今度は孝明天皇の猶子《ゆうし》（親子関係の結びつきが弱い名目上の養子）として親王宣下して晃の名を賜り、国事御用掛に任命され山階宮《やましなのみや》の宮号を賜った。こうして山階宮晃親王が誕生し、本格的に政治家としての活動が始まった。

最後の下段は、一転して近代的な大礼服姿になっている。これが明治期の晃親王の姿である。一八七三（明治六）年は、近代日本の皇族の役割が決定された年であった。詳しくは後述するが、皇族男子は軍人になることを義務付けられたのである。ところが、晃親王はすでに高齢であったことから、軍人になることを免除された。だから、文官の大礼服をしているのである。一八六八（慶応四）年に議定《ぎじょう》職・外国事務局督を解かれて以降、晃親王に目立った活動は無いが、式典ではこの大礼服姿で明治天皇の脇を飾り続けた。法衣・直衣《のうし》という二つの時代を経て、最終的に大礼服の時代（他の皇族にとっては軍服の時代）まで生き抜いた。「晃親王三相像」は、まさしく激動の時代を生き抜いた皇族の姿を映し出しているのである。

また、皇族が復権していく中で、復権したが故に、逆に失脚した皇族も出たことを指摘しておかなければならない。久邇宮朝彦《くにのみやあさひこ》親王（中川宮・賀陽宮《かやのみや》と称した時期もあった）である。朝彦親王と晃親王は兄弟で、晃親王が伏見宮邦家《くにいえ》親王の第一王子であり、朝彦親王が第四王子であった。生まれてから辿った来歴もほぼ同様である。一八三六（天保七）年に仁孝天皇の猶子となり、翌年に親王宣下し、その翌年に仏門に下った。一八五二（嘉永五）年には門跡寺院である青蓮院の門主となり、青蓮院宮《しょうれんいんのみや》を名乗った。ところが、日米修好通商条約の勅許に反対し、一三代将軍徳川家定の後継問題で一橋派に与したことから、一八五九（安政六）年安政の大獄で隠居・慎・永蟄居を命ぜられた。これにより青蓮院宮を名乗ることができなくなり、獅子王院宮と名乗った。

一八六二（文久二）年に赦免された朝彦親王は、国事御用掛に任命された。さらに、翌年には還俗して中川宮を名乗り、活発な政治活動を繰り広げた。特に、八月一八日の政変では天皇の密命を引き出したキーパーソンとして有名である。この結果、長州系の有力公卿である三条実美《さんじょうさねとみ》・三条西季知《すえとも》・四条隆謌《しじょうたかうた》・東久世通禧《ひがしくぜみちとみ》・壬生基修《もとおさ》・錦小路《にしきのこうじ》頼徳《よりのり》・澤宣嘉《さわのぶよし》が長州に落ち延びた（七卿落ち）。彼らは後に明治政府の要職を占める人物ばかりである。この時の彼ら有力公卿の怒りが、朝彦親王の失脚に影響していることは間違いないであろう。一八六八（明治元）年、徳川慶喜に通じて謀反を企てたとの嫌疑により、仁孝天皇養子・親王の身位・位記を停止され、広島藩の預とされている。一八七二年には許され伏見宮に復籍を果たすものの、依然として他の皇族との間には待遇の差別があったと、朝彦親王の息子である東久邇宮稔彦王は証言している。

さらに、北白川宮能久《きたしらかわのみやよしひさ》親王（当時は輪王寺宮《りんのうじのみや》と称する）に至っては、奥羽越列藩同盟の盟主として朝敵の立場になっていた。しかし、朝彦親王よりも早く一八六九年に処分を解かれ、一八七〇年に伏見宮に復籍している。皇族の復権により、皇族は政治家となった。しかし、政治家となったが故に失脚する場合もあり、皇室制度を盤石にしていくには未だに問題が残されていたのである。

皇族軍人の誕生

今の感覚では全く想像もつかないが、近代日本の皇族男子は軍人になることを義務付けられていた。義務化の時点で長老であった山階宮晃親王や、伊勢神宮の祭主をつとめた久邇宮多嘉王《たかおう》などの数例を除いては、皇族である以上、原則的に軍人となることを要求されていたのである。

皇族の軍人義務化は明治天皇の御沙汰に基づき、一八七三（明治六）年一二月九日の太政官達で法制化された。すでに、鳥羽・伏見の戦いや戊辰戦争で有栖川宮熾仁《たるひと》親王や小松宮彰仁《こまつのみやあきひと》親王（当時は仁和寺宮嘉彰《よしあきら》親王）が象徴的存在として従軍していた。しかし、これを除けば、皇族が軍人として活動した事例が他にいくらあるだろうか。中世にも以仁王などの事例はあるが、多くは遠く古代にまでさかのぼる必要があるだろう。つまり、日本の歴史上に皇族の従軍はほとんど実例がないのである。伝説としての神武東征のイメージももちろん残っていたはずであるが、むしろ、皇族の軍人義務化を促進したのは西欧諸国の文化・制度であった。近代日本の最大の特徴点は、西欧諸国の文化・制度を進んで受容し日本式に改めて取り入れていく所にあった。皇族もまた西欧諸国の文化・制度の受容に熱心であり、多数の皇族が海外留学を志していた。皇族の軍人義務化は、このような皇族たちの志望から発していたのである。

皇族が初めて海外留学をしたのは一八七〇年で、華頂宮博経《かちょうのみやひろつね》親王・小松宮彰仁親王・北白川宮能久親王が軍事留学をしている。富国強兵を実現するために、皇族たちは軍人となることで国の礎を築こうとしたのである。若手皇族のこうした動向は、日本国内に残留していた若手皇族をも突き動かした。一九七三年一〇月に東伏見《ひがしふしみの》宮《みや》（のちに小松宮）嘉彰親王、伏見宮貞愛《さだなる》親王が天皇に書状を出し、西欧諸国の皇族が若年時から陸海軍に従事していることに倣い、自らも陸軍に入ることを請願している（『明治天皇紀』）。西欧諸国の皇族は軍人であった。そのために、日本の皇族も軍人であるのが理想的であると考えられたのである。請願の結果、東伏見宮嘉彰親王・伏見宮貞愛親王ともに陸軍に奉職することとなった。これが皇族全体の軍人義務化のきっかけとなった。

また、皇族の軍人義務化には、当時の政治情勢も大きく関係していた。一八七三年、征韓論をめぐる政治対立から、陸軍大将兼近衛都督であった西郷隆盛をはじめとする陸軍将校が大挙して下野した。その結果、近衛兵が弱体化して国家運営の危機を迎えていた。そこで、幕末維新期に皇族を総督に戴いて軍の権威を高めたように、皇族を軍籍におくことは、現状に対する一つの解決策と考えられたのである。

しかも、皇族を軍人とすることで、皇族の処遇問題も解決することができた。近世期の皇族は僧侶であったが、明治維新を機に皇族は次々と還俗していた。そこで、これまでの仏事に代わる日々のなりわいを、明治初期の皇族は見出さなければならなかったのである。ただし、政治家とすることは難しかった。幕末維新期には、皇族が政治家になり、天皇の意思を政治上に反映させるなどの効果がもたらされた。しかし、山階宮晃親王のように政治家として成功した皇族がいた反面、久邇宮朝彦親王や北白川宮能久親王のように失脚する皇族もまた生み出したのである。したがって、皇室の基礎を盤石にするという観点に立てば、皇族を政治家にすることは否定されるべきことであった。一方で西欧諸国に目を向けると、皇族は軍人になっており、それで成功している。国内情勢の要請上からも、西欧諸国の文化・制度の受容という観点からも、皇族の軍人義務化は当時きわめて自然の趨勢だったのである。

皇族という身分の確定

近代日本の皇室制度は、皇室典範として結実した。その最大の目的は、皇統を安定的に保つために、皇室分裂の原因となる皇位継承問題の芽を極力摘むことであった。皇位継承の候補者を皇族として多数確保した上で、皇族の範囲を明確に区分する。同時に皇位継承順位を定めて皇族の秩序を正し、後継者の擁立で争いが起こる可能性を排したのである。第一条には「大日本国皇位は祖宗の皇統にして男系の男子之を継承す」とある。この絶対原則をまず前提として、皇位継承の在り方を示したのが皇室典範であった。

一八八九（明治二二）年二月一一日、皇室典範は大日本帝国憲法とともに国家の根本法として定められた。帝室制度調査局御用掛であった穂積八束《ほづみやつか》によると、日本国の国体の根本は国家も皇室も本来同体であるが、なるべく事務を分割する方が便宜であるため、皇室に関するものを皇室典範、統治大権に関するものを憲法として分けたのだという。

最も重要である皇位継承順位を確立するには、まず近世の制度・慣習を改める必要があった。従来の皇族の序列であった品位を廃し（第五九条）、四親王という世襲親王家の家格を廃し（第六〇条）、皇位継承が直系から傍系に移る場合は全て実系からの血統の遠近によることとし、最近親の皇族に伝える（第七条）原則が明確化された。これにより、近代皇族の序列は天皇からの血統の遠近に再編成され、時の天皇の直系子孫である皇孫（直宮）の存在意義はひときわ高まったのである。

また、皇位継承者を確保するために、多くの宮家が創設された。近世は四親王家に限られていたが、明治維新にともない多くの一代宮家が誕生したのである。一八六三（文久三）年には青蓮院宮が還俗《げんぞく》して中川宮（賀陽宮、後の久邇宮）が、一八六四（元治元）年には勧修寺宮が還俗して山階宮が創設されたのをはじめ、一八六八年には華頂宮、一八七〇年には東伏見宮、梨本宮、北白川宮が創設され、一八七五年には伏見宮朝彦親王により久邇宮が創設された。これらはみな世襲宮家ではなく一代宮家であったが、天皇の特旨によって一代宮家は二代宮家、そして世襲宮家に格上げされていく。一八八一年には東伏見宮（のちの小松宮）が世襲皇族に、そして山階宮が二代皇族とされ、一八八三年には久邇宮が二代皇族とされた。また一代宮家も、一八八九年の皇室典範ですべて世襲となった。ここに永世皇族の制度が定められ、四親王・一代宮家といった家格は廃された。

皇室典範制定後にも、次々と新たな宮家が創設された。一九〇〇年には賀陽宮が創設された。賀陽宮邦憲《くにのり》王は病弱で久邇宮の家督を弟の邦彦王に譲ったが、その後回復したため、新たな宮家の創設を許されたのである。一九〇三年には東伏見宮が創設された。東伏見宮依仁親王は小松宮彰仁親王の継嗣であったが、小松宮彰仁親王が養子を継嗣とすることをやめたので、新たに東伏見宮を創設することを許されたのである。さらに、一九〇六年には朝香宮、竹田宮、東久邇宮が創設された。この三宮家はいずれも明治天皇の皇女を妻としていることから、皇女たちの格式を保つために、臣籍降下の制度が作られる直前に駆け込みで創設されたのである。こうして近代に入り多くの宮家が創設されたが、永世皇族制度のままでは皇族が際限なく増えていくことになる。そのため、一九〇七年二月一一日の皇室典範増補で、勅旨又は情願により王は華族に列することができるという臣籍降下の条項が加えられた。

なお、皇室典範に基づく法体系として諸々の皇室令が定められた。中でも、一九一〇年三月三日の皇室令第二号皇族身位令（JACAR〔アジア歴史資料センター〕Ref.A03034017000、皇族身位令〔国立国会図書館〕）では、皇族の軍人義務化についてあらためて規定された。皇太子及び皇太孫（皇太子不在の際の継嗣である皇孫）は満一〇歳に達した後、陸軍及び海軍の武官に任じ（第一七条）、また一般の親王・王は満一八歳に達した後、陸軍又は海軍の武官に任じる（第一七条第二項）ことが確認された。

皇族軍人の序列

皇室典範により、天皇からの血縁の親疎を皇位継承順位とすることが定められた。その結果、皇位継承順位は次の順番になった（柳原前光「皇族条例」『秘書類纂　帝室制度資料』）。

(1)有栖川宮熾仁親王…（霊元天皇六世）(2)有栖川宮威仁《たけひと》親王(3)伏見宮貞愛親王…（以下、伏見宮系統）(4)伏見宮邦芳《くにか》王(5)華頂宮博恭王…（のち伏見宮）(6)小松宮彰仁親王(7)北白川宮能久親王(8)北白川宮恒久《つねひさ》王(9)閑院宮載仁親王(10)小松宮依仁《よりひと》親王…（のち東伏見宮）(11)山階宮晃親王(12)山階宮菊麿《きくまろ》王(13)久邇宮朝彦親王(14)久邇宮邦憲王…（のち賀陽宮）(15)久邇宮邦彦王(16)梨本宮守正《もりまさ》王(17)久邇宮多嘉王

ところが、この順位をそのまま皇族の序列とすることでは問題があった。皇室典範において宣下親王の存在を認めており（第五七条）、王の下に親王が位置することになってしまうからである。また品位（親王に与えられた位階）を廃したとはいえ、それを全く無視することは難しかった。このため、皇位継承順位とは別に、旧来の序列に配慮した「皇族列次」が定められたのである。

(1)有栖川宮熾仁親王(2)山階宮晃親王(3)小松宮彰仁親王(4)伏見宮貞愛親王(5)久邇宮朝彦親王(6)北白川宮能久親王(7)有栖川宮威仁親王(8)閑院宮載仁《ことひと》親王(9)小松宮依仁親王…（のち東伏見宮）(10)有栖川宮栽仁《たねひと》王(11)伏見宮邦芳王(12)華頂宮博恭王…（のち伏見宮）(13)山階宮菊麿王(14)北白川宮成久王(15)北白川宮恒久王…（のち竹田宮）(16)北白川宮輝久王…（のち侯爵小松輝久）(17)久邇宮邦憲王…（のち賀陽宮）(18)久邇宮邦彦王(19)久邇宮守正王…（のち梨本宮）(20)久邇宮多嘉王(21)久邇宮鳩彦《やすひこ》王…（のち朝香宮）(22)久邇宮稔彦《なるひこ》王…（のち東久邇宮）

皇族列次に表示されていた皇族について調査を加えたのが表1である。宣下親王の待遇に配慮したことが明らかで、わざわざ親王・王の順に並び替えられている。また宣下親王の並び順にも、様々な判断基準が複合されていたことが分かる。第一に、明治維新で勲功のある皇族と失脚した皇族を区分していることが指摘できる。久邇宮朝彦親王は謀反の疑いであり、北白川宮能久親王は朝敵という理由であった。年齢で見ると、久邇宮朝彦親王は山階宮晃親王に次ぐ年長者であり、品位でいえば北白川宮能久親王は一品である。それにもかかわらず、北

表 1　皇族列次

宮号・名	生没年（西暦）	養子・猶子	親王宣下	系統	品位	特記事項
〔有栖川宮〕熾仁親王	1835～1895	猶子 1848（仁孝）	1849	有栖川宮	二品（1867） 一品（1886）	賞典禄 1200 石，明治維新で勲功あり
〔山階宮〕晃親王	1816～1898	養子 1818（光格） 猶子 1864（孝明）	1823 1864	伏見宮	二品（1867）	出奔のため一時蟄居・養子親王位位記停止，明治維新で勲功あり
〔小松宮〕彰仁親王	1846～1903	養子 1848（仁孝）	1858	伏見宮	一品（1859） 二品（1867）	賞典禄 1500 石，明治維新で勲功あり
〔伏見宮〕貞愛親王	1858～1923	養子 1860（孝明）	1871	伏見宮	二品（1871）	
〔久邇宮〕朝彦親王	1824～1891	猶子 1836（仁孝）	1837	伏見宮	二品（1848） 三品（1875）	佐幕派，一時養子親王位位記停止，1872 伏見宮復籍，1875 久邇宮創立
〔北白川宮〕能久親王	1847～1895	猶子 1858（仁孝）	1858	伏見宮	一品（1864）	朝敵，1870 伏見宮復籍，1872 北白川宮相続，1878 養子・親王待遇に復す
〔有栖川宮〕威仁親王	1862～1913	養子 1878（明治）	1878	有栖川宮	三品（1878）	熾仁親王実弟，養子
〔閑院宮〕載仁親王	1865～1945	養子 1867（孝明）	1878	伏見宮	三品（1878）	
〔小松宮〕依仁親王	1867～1922	猶子 1886（明治）	1886	伏見宮	三品（1886）	のち東伏見宮創立
〔有栖川宮〕栽仁王	1887～1908			有栖川宮		
〔伏見宮〕邦芳王	1880～1933			伏見宮		
〔華頂宮〕博恭王	1875～1946			伏見宮		のち伏見宮復帰
〔山階宮〕菊麿王	1873～1908			山階宮		
〔北白川宮〕成久王	1887～1923			北白川宮		
〔北白川宮〕恒久王	1882～1919			北白川宮		のち竹田宮創立
〔北白川宮〕輝久王	1888～1970			北白川宮		のち臣籍降下・侯爵小松輝久
〔久邇宮〕邦憲王	1867～1909			久邇宮		のち賀陽宮創立
〔久邇宮〕邦彦王	1873～1929			久邇宮		
〔梨本宮〕守正王	1874～1951			久邇宮		
〔久邇宮〕多嘉王	1875～1937			久邇宮		
〔久邇宮〕鳩彦王	1887～1981			久邇宮		のち朝香宮創立
〔久邇宮〕稔彦王	1887～1990			久邇宮		のち東久邇宮創立

↑宣下親王

（出典）1889（明治 22）年 2 月宮内省達第 2 号.

白川宮能久親王は宣下親王の序列の中位に留まっている。また、久邇宮朝彦親王と北白川宮能久親王を比較すると、久邇宮朝彦親王が二品であるのに対し、北白川宮能久親王は一品である。しかも、皇位継承順位も北白川宮能久親王の方が高い。朝敵であったことの方がより問題視されていた可能性がある。ただし、親王宣下の順、あるいは年齢順によったものとも考えられる。

久邇宮朝彦親王と北白川宮能久親王に対して、彼らの上位にある有栖川宮熾仁親王・山階宮晃親王・小松宮彰仁親王は、いずれも明治維新で勲功をあげている皇族である。その三者の順番は、単純に勲功の順番というわけでもないだろう。天皇との血縁の遠近では有栖川宮熾仁親王が一番であり、次に伏見宮系統の晃親王、その弟の彰仁親王の順番と続くので、やはりこれが理由になるだろう。親王宣下の順番では、山階宮晃親王が二番目である理由がつかない。最初の親王宣下をとるならば、有栖川宮熾仁親王よりも上となり、二回目の親王宣下をとるならば、小松宮彰仁親王よりも下となる。また、皇族条例による皇位継承順位では小松宮彰仁親王が上であるが、これには別の事情があるだろう。

第二に、年齢による区分を指摘できる。伏見宮貞愛親王・有栖川宮威仁親王・閑院宮載仁親王・小松宮依仁親王は、明治維新で壮年に達していなかった。したがって、斟酌すべき明治維新の勲功もなく、宣下親王の下位に据えられている。このうち伏見宮貞愛親王だけは、小松宮彰仁親王と久邇宮朝彦親王の間に入っている。これは、四親王家であった伏見宮の家長であることを尊重したからだと思われる。また、久邇宮朝彦親王・北白川宮能久親王ともに許されて伏見宮に復籍した過去もあり、この両者の下位に置くことは出来なかったのであろう。宣下親王を除いた残る有栖川宮威仁親王・閑院宮載仁親王・小松宮依仁親王を見ると、これはそのまま皇位継承順位である。宣下親王以外の皇族もまた、皇位継承順位による序列となっている。

皇族列次は、のちに班位と呼ばれる序列になった。班位は皇族の軍人義務化も定めた皇族身位令で規定され、その順序は皇后、太皇太后、皇太后、皇太子、皇太子妃、皇太孫、皇太孫妃、親王、親王妃、内親王、王、王妃、女王とされた（第一条）。考察対象を皇族男子だけに限れば、原則は親王・王の班位は皇位継承の順序に従う（第二条）こととされた。ただし、親王・王が皇位継承の順序を変えた時は元の班位による（第六条第二項）こととされた。また、従来の宣下親王は宣下された順序により王の上に列することとされ（第七条）、皇族列次の基準がここでも踏襲されている。

なお、宮内官僚の酒巻芳男によれば、皇族としての序列は必ず班位によるが、陸海軍における職務においてはその階級に従うことになっていた。つまり、軍人皇族には班位と階級という二つの序列が混在していたことになる。これは昭和戦前期の、身分は高いが若い直宮（皇孫――秩父宮・高松宮・三笠宮）と階級の高い長老皇族の、どちらが皇族を主導していくかという問題にもつながってくるのである。

2　政治的存在として浮上する皇族

昭和初期の若手皇族の苦悩

近代皇室制度の模索過程である明治前期よりも以前に生まれた皇族は、まさしく皇室制度の成立過程と共に歩んできた皇族といえる。彼らは政治環境の大変化に順応して、近代日本にふさわしい新たな皇族像を体現していかなければならなかったのである。決定こそ明治天皇の意思によるとはいえ、皇族軍人義務化についても皇族自身が近代日本の皇族像を考えた結果、自発的に選択した姿であった。しかし、明治中期以降に生まれた皇族にとっては状況が異なる。近代皇族像は与えられた姿であって、自発的に選択した姿ではなかった。ここに、自覚的に近代日本の皇族像を理解してきた世代と、近代皇族像に疑問を抱く新世代の間に、明確な意識のギャップが現れたのである。昭和初期には、あたかも長老皇族（明治前期以前の生まれ）対若手皇族（明治中期以降の生まれ）のような様相すら呈していた。例えば閑院宮春仁《はるひと》王（後に臣籍降下して閑院純仁）は、父・閑院宮載仁親王の考える皇族像に対して非常に反発した。

父は皇室に対しては実に恭順であった。私もその点においては父に劣ると思わない。しかしここに、宮内省の意向なるものが存在する。私はそれに対しては反発した。父はそれに対しても、きわめて従順であった。ここに両者の間に、深刻にして根本的な、誇大な表現をするならば思想的対立が生じたわけである（閑院純仁『私の自叙伝』）。

宮内省は皇室を守るために置かれた官庁であるが、再び皇族を失脚させるような事態を最も恐れていたために、皇族に対しては常に自重を求めていた。内大臣・木戸幸一の言葉を借りれば、皇室の一員である皇族が何かを実行して万一予期の結果を得られなかった時は、皇室が国民の恨みを買ってしまうことになるだろうと恐れていたのである（木戸幸一『木戸幸一日記』）。

宮内省側の言い分はある程度理解できるにしても、終始規制を受ける皇族側には迷惑でしかなかった。閑院宮春仁王は著書で、皇室を離脱して宮内省の干渉をうけないようになったことが、何より嬉しいと、傍点をふってまで強調している。また閑院宮春仁王だけではない。例えば同世代の賀陽宮恒憲王は、宮内省というところは、今の宮内庁だって、頭の固い、頑固というより阿呆が多くていかん。血の通っている人間のやることとは思えないよと言っているくらいである（里見弴、東久邇稔彦、小松輝久、賀陽恒憲《かやつねのり》、久邇朝融《あさあきら》「殿下といわれて幾星霜」）。閑院宮載仁親王のように、明治維新でまず復権するところから始まり、近代日本の皇族像を自覚的に創り上げてきた皇族にとっては、いわゆる宮内省の意向というものもその経緯の一つとして受容してきたのかもしれない。しかし、閑院宮春仁王のような若手皇族にとっては、人を人として扱わず制度の如く運用しようとする官僚的発想に対しては、怒りが込み上げざるを得なかったのである。

高松宮の自問自答

宮内省などによる皇族への規制に対する不満は、つきつめれば、皇族の存在意義に対する自問自答にまでつながる。なぜ皇族でなければならないのか、また、なぜ皇族は軍人でなければならないのか。大正天皇の第三皇子で直宮（皇孫）という高い身分にあり、『高松宮日記』という膨大な日記を残した高松宮宣仁《のぶひと》親王を題材として、昭和初期の若手皇族の心境を復元してみよう。

皇族には特別待遇がつきものだが、昭和天皇の弟で直宮である高松宮に対しては、特にその傾向が顕著に表れていた。例えば、兄の秩父宮雍仁《やすひと》親王が陸軍士官学校に進む時と同様に、高松宮に対しては海軍兵学校に入学する以前から特別待遇が周到に準備された。直宮が軍学校に入学するのは初めのことであり、他の一般皇族とも違う特別の待遇が必要とされたのである。まず、秩父宮のために皇族附陸軍武官官制が、そして高松宮のために皇族附海軍武官官制が改正された。従来、皇族の威儀整飾を奉助して軍務・祭儀・礼典、及び宴会等に随従すると定められていた皇族附武官（御付武官）の役割に加えて、武官ではない皇子に対する規定を設け、その場合は常侍奉仕することとされたのである。これは、海軍兵学校在学中に御付武官が身の回りの世話までも行うことを意味していた。海軍兵学校もまた、高松宮のためだけに予科を設置し、マン・ツー・マン教育を施している。生徒一人で息抜きもできず、しかも、教室を出れば御付武官が学校内のどこへでも尾けて歩くという、非常に制約された生活環境であった。御付武官には涙を出して見せて抗議したこともあるという。しかし、御付武官は命令を受けて行動しているのだから、それで行動が改まるはずもなく、高松宮はあきらめざるを得なかった。そして、言っても改善しないのだから、今後はある程度まで武官に対する同情をしないことにする、と固く誓ったのである。その後も頻繁に、御付武官に対しては辛らつな表現が記されている。「無能」「人を馬鹿にしているね」「全く武官さんと我輩との意志の交換は不可能らしい」「あはれむべき点あるを覚ゆ」などである。高松宮にとって、御付武官は皇族である故の煩わしい存在でしかなかったのである。

海軍将校となれば、また別の特別待遇が加わってくる。それは皇族のためを思って、皇族を尊重しての特別待遇であったが、高松宮は一人前の海軍将校として扱われていないような寂しさ、むなしさを感じざるを得なかった。皇族であることを呪い、皇族程馬鹿げた職業はないとまで考えた時もあった。しかし、一九二七（昭和二）年九月九日の日記では艦船乗組に対する考察として、皇族が一般士官とはおのづから異った取扱いを受けるのはまた当り前であるとも記しており、特別待遇の意味を理解しようと努めていたことは確かであった。

ところが、それでもなおどうしても理解できない皇族への制約があった。一九二八年一月一二日の日記にある、宗秩寮《そうちつりょう》総裁・仙石政敬とのやり取りが、その内容を示している。

八時に仙石総裁をよんで芝居見物の可否をたづねたら、芝居の役者が低級であり観劇場に入るものが低級であり、皇族が順々に見に行くとなるとまるで世間態が悪い。要するに世間の感情を心配するためにまだいけないと云ふことなり。それから、皇族の行為について、世間の批判をうけた様なことは之を回覧にしろといってやった。

これこそ閑院宮春仁王らと同様、宮内省の意向に対する反発であった。仙石は、皇族を守る趣旨でこのような発言をしたに違いない。しかし、高松宮にとっては御付武官の存在と同様に、いたずらに規制して行動の自由を奪おうとする発言としか受け取れなかったのである。この後、約一年間の遠洋航海をはさみ、今度は宮内大臣・一木喜徳郎《いちききとくろう》に対して、「皇族の世間の噂、批難を知らせる様にいくら云っても宮内省はしないで、皇族がどうのこうのと云う、それはいけない」と繰り返し主張して、仙石に求めた回答を促している。いわゆる宮内省の意向に対して、その根拠を求めたのである。一九二九年二月一四日に課した宿題の返答として、六月七日、ようやく仙石は皇族の生活等に関する宮内省の見解を説明している。しかし、型にはまったままのその回答に、高松宮は納得することができなかった。皇族であることへのむなしさがつのり、九月二五日の日記には「今日も外出せず。まとまっても読書せず。どうも淋しい不安を軽く感ず。友達のないのや皇族として社会的無価値な生活や」と当時の心境を書き残している。また、その翌日には仙石総裁を呼び、春に答申をもとめた皇族の使命や、信仰問題に関する所見を述べている。宮内官僚とのやりとりを通して、皇族の存在意義について問い直していたのである。その時の所見とみられる記述が、日記の補遺欄に記されている。

どうも皇族が軍籍に身をおくことを絶対のものとされてゐることを不可解にしか思へない。第一皇族がなぜ必要なのか、どうも皇族はいらないものの様にしか思へない。もつとも日本が、万世一系の天皇の統べ給う国であるために、その嗣継のために皇太子が必要であり、そのまた予備の人がほしいことも否定出来ぬところであるが、併し、それは無数無限の予備を意味しない。その数を学理的に計算した人はまだないであらう。まあ一人乃至二人と考へる。して見ると、私が皇族の地位におらねばな〔ら〕ぬ理由にしかならない。私が皇族として無価値だ〔と〕云へない。けれども、単にスペアーとして生きておるのが皇族であるとも云へないと思ふ。生きてゐて、そして悪いことせぬことがスペアーとしての全生命であり、全任務であるから、それで皇族の価値は存在する理由になるかも知れないけれども、又一方充分なる徳を具へ、そして智識をもつことが、予備者として必須条件であらねばならない。そうすると、皇族は単に内部的のもので能動的のものでないと云ひ得る。又、或意味で、私もそれを肯定するものである。併し現在、周囲の事情は、皇族の修学に対して考へられてゐない。少くとも、その便宜が与へられてゐない。

高松宮は皇族の存在意義を、万世一系の皇統を守るための継嗣として必要であると認めていたが、皇統の予備者（皇族）が多すぎるとも指摘をしている。現実的に皇統を継ぐ可能性がある皇族は一人か二人であり、せいぜい秩父宮か自分までである。皇統を守るという目的からすれば、皇統を継ぐ可能性が低い三人目以降の存在意義は薄いのではないかという批判であった。

いずれにしろ高松宮自身は一人か二人の範囲に入る皇族であり、皇族として存在することを甘受しなければならない。しかし、悪いことをせぬことが全生命であり、全任務であるという宮内省の見解には賛同できなかった。単にスペアーとして生きているのが皇族であるとはいえず、スペアーとして生きるならば、そのためにするべきことがあると主張していた。つまり、皇族は皇位を継承する場合に備えて充分なる徳をそなえ、そして智識をもつことが予備者として必須条件であると考えていたのである。そのためには皇族の修学にもっと考慮が払われるべきであるが、宮内省の意向では皇族が身動きを取ることができず、皇族の修学は一向に進まないという危機感を抱いていた。

そもそも皇室典範においても、皇統を受け継ぐ可能性のある皇族は充分なる徳をそなえ、そして智識をもつことを求められていたといってよい。一般皇族の成年が満二〇年（第一四条）であるのに対し、天皇及皇太子、皇太孫は満一八年（第一三条）と規定されていた。伊藤博文はこの意味について、天皇及皇嗣は神器の重に当り尋常通法の拘る所に非ざればなり、と解説している（『皇室典範義解』）。皇族、特に皇統を受け継ぐ皇太子は、特に速い精神的成長を求められていたということであり、皇太子に次ぐ序列である直宮もまた、同様に精神的成長を求められていたといえる。このように、制度の基本精神を忘れ、制度の運用のみに心を砕く宮内官僚に対して、高松宮は真っ向から異を唱えたのである。

非常時の皇族擁立の要因

満洲事変の頃から、非常時という言葉が流行語になっていた。昭和初期は、海外出兵・政治の停滞・経済危機・農村の疲弊・テロ事件の発生などがまとまって起きた混迷の時代である。この非常時を乗り切るには、政治・社会の革新をしなければならない。それが、昭和初期という時代の雰囲気であった。政治・経済・外交・社会のあらゆる面において、転換を迫られていたのである。そのような時代にあって、皇族に求められる役割もまた大きく変化することになる。

従来の皇族は、宮内省の意向にしばられて、制約を受けるだけの存在であった。そのような、皇族に何事も起こらないようにひたすら祭りあげておくような傾向は、一般社会においても同様であった。ただし、軍においては特別扱いしない場合もあったようである。閑院宮春仁王は、自らが皇族として感じた皇族に対する態度について、次の四種類に分類して説明している。

①皇族を非常に尊重尊敬するがゆえに、ひたすら皇族の言動や身上に、失態なからしめんとする、厚意ならびに老婆心から出発する皇族を形式的、偶像的、敬遠的地位に祭り上げておこうという思想（宮内省、勤皇

家）

②皇族を過小評価するがゆえに、皇族なんかは何もできない、何もわからない、何も知らないとする軽侮心から出発する皇族を形式的、偶像的、敬遠的地位に祭り上げておこうという思想（一般大衆中の、皇族をよく知らない層）

③皇族を尊重するが故に、皇族の意思や言動には、逆らうべきではないとする恭敬心から出発する皇族を形式的、偶像的、敬遠的地位に祭り上げておこうという思想（官憲、学者）

④職務執行の場合に限り、特別扱いなしの現実的対応（軍隊）

高松宮の事例で明らかなように、確かに軍隊に特別扱いはあった。しかし、職務執行の場合に限りそれは厳格に影を潜めていたという。軍の中では、皇族もまた組織の一員として機能していたことを物語っている。ただし、それは責任をあまり問われない立場においてであって、皇族が軍のトップ、あるいは責任を生じる立場となることは、有栖川宮参謀総長・小松宮参謀総長の例を最後に、つとめて回避されてきた。皇族の失脚を恐れたからである。ところが非常時では、従来の事なかれ主義から皇族の積極的登用へと風潮が変わる。宮内省が最も恐れていたような、責任を生じる立場に皇族が擁立されるようになるのである。

それは第一に精神的な要請であり、第二に政治的な要請によっている。精神的な要請とは、昭和維新という言葉に代表される。すなわち、皇族を錦の御旗として擁立して、先頭に立って改革にあたってもらい、政治の停滞や深刻な社会不安を一掃してほしいという願望であった。例えば、東久邇宮稔彦王の御付武官であった安田銕之《やすだてつの》助《すけ》である。安田は在職中、参謀総長・上原勇作や石原莞爾《いしはらかんじ》、荒木貞夫《あらきさだお》、真崎甚三郎《まさきじんざぶろう》などの皇族に理解を示す軍人と頻繁に連絡を取り、東久邇宮の将来について相談をしていた。その中でも、特に石原莞爾から受け取った書翰は興味深い。石原は東久邇宮を参謀本部第一部長（作戦部長）に擁立し、満蒙問題を解決してもらおうと考えていたのである。これがどの程度現実的であったかは別として、現体制への不満から、従来の体制では全く想定されない発想が出てきたことが、非常時の特徴であった。

また、政治的な要請とは、陸海軍中枢の政治的意向を実現する手段として、皇族が擁立されることである。具体的に皇族に何を求めたかというと、天皇への輔導役、仲介役、及び緩衝役としての役割を期待していた。天皇と皇族の親密な関係に、期待がかけられていたのである。昭和初期の政治体制の特徴は、陸海軍が独自の主張を繰り広げるようになり、従来の協調を前提とした多元的輔弼体制が成り立たなくなった点にあった。ところが、天皇は政治・外交の安定的な運営に意を注いでおり、軍の独走的な行為を許さなかった。そこで、軍（特に陸軍）は天皇を説得（教育）する必要が生じ、天皇と親密な関係にある皇族の擁立が目指されたのである。

皇族擁立の実例

非常時の皇族擁立で最も有名な例は、一九三〇（昭和五）年一二月、参謀総長に閑院宮載仁親王が、一九三一年二月、軍令部長に伏見宮博恭《ひろやす》王が就任した、いわゆる皇族総長の擁立である。皇族総長擁立のきっかけは、ロンドン海軍軍縮条約の際に政府・宮中の意向で条約批准が強行され、統帥部の意見が軽視されたことにある。軍令部長・加藤寛治が軍令部の意見を上奏しようとしたところ、政府・宮中の画策で上奏妨害されたり、軍令部への情報を意図的に遮断されたりするような事態が生じた。そこで軍令部は統帥権干犯を主張し、独自に所要兵力量を主張する権利の確保を狙ったのである。

様々な方面への政治工作とともに加藤の試みた方策が、伏見宮を介して天皇に上奏することであった。伏見宮ならば上奏を妨害されることもなく、また、皇族という立場上、天皇と雑談的に話すことができるので、軍令部の意向に理解を示してもらえるだろうと考えたのである。しかし、立憲政治体制を重視した天皇は皇族の私的上奏を許さず、上奏計画は失敗に終わってしまった。そこで代案として考え出されたのが、皇族を業務として上奏する立場（軍令部長）に位置付け、皇族の上奏を公式化してしまうことであった。これが皇族総長の擁立に含まれた、最も重要な意図であった。皇族を要職に据えることは、本来ならば実現不可能であった。海軍においても、皇族が責任ある地位に立って万一責任問題を生じた場合、皇族全般に累を及ぼす可能性があり、そうなれば事は極めて重大となる。だから、皇族はなるべく責任ある立場に立つべきではない（原田熊雄『西園寺公と政局』）という考えが一般的だったからである。しかし当時、陸海軍それぞれに深刻な派閥対立を抱える一方で、十月事件（陸軍軍人によるクーデター計画）のような深刻な内部統制の問題を抱えていた。そこで、一般的には精神的な問題において、皇族総長はこの解決策として最適と考えられたのである。昭和天皇の回想でも、陸軍内の派閥争いがひどく、閑院宮以外に適任者がいなかったために閑院宮参謀総長が実現し、またそれを先例として、海軍も同様に伏見宮が軍令部長に就任したという経緯であったと理解されている（『昭和天皇独白録』）。しかし、それは表向きの理屈であって、あくまでも隠された本質は政治的な擁立であった。

陸軍においては、満洲事変で天皇の信認を決定的に失ったことで、皇族の擁立が特に重視されていた。例えば参謀次長・真崎甚三郎は東久邇宮に、閑院宮参謀総長も参謀本部員の秩父宮も満洲事変についての軍の意図を天皇陛下に遠慮して十分に申し上げてくれないから、あなたから直接陛下に申し上げてくれと依頼している。それに対して東久邇宮は、参謀本部の真意を天皇に説明するのは参謀総長、あるいは次長の任務であり筋違いもはなはだしいと批判している。天皇は皇族の私的上奏を受けつけなかったので効果があったかどうかは疑わしいが、

表 2　軍人皇族年齢順一覧表　1931（昭和 6）年 1 月 1 日現在の成年軍人皇族

宮号・名（出身期）	満年齢	階級	職務（～昭和 15 年末）
閑院宮載仁親王	64	元帥・陸軍大将	軍事参事官，（6/12）参謀総長
梨本宮守正王（7）	55	陸軍大将，（7/8）元帥	軍事参事官，（12/10）臨時伊勢神宮祭主
伏見宮博恭王	54	海軍大将，（7/5）元帥	軍事参議官，（7/2）軍令部長，（8/10）軍令部総長
朝香宮鳩彦王（20）	43	陸軍少将，（8/8）中将，（14/8）大将	陸大教官，(7/1) 歩兵第 1 旅団長，(8/8) 近衛師団長，(10/12) 軍事参事官，(12/12) 上海派遣軍司令官，(13/3) 軍事参議官
東久邇宮稔彦王（20）	43	陸軍少将，（8/8）中将，（14/8）大将	歩兵第 5 旅団長，（7/12）参謀本部付，（8/8）第 2 師団長，（9/8）第 4 師団長，（10/12）軍事参議官，（12/8）兼航空本部長，（13/4）第 2 軍司令官，（14/1）軍事参議官
李王垠（29）	33	陸軍少佐，(7/8) 中佐，(10/8) 大佐，(13/7) 少将，（15/12）中将	教育総監部付，（8/4）教育総監部課員，（10/8）歩兵第 59 連隊長，（12/3）陸士教官，（12/8）予備士官学校教授部長，（13/12）北支那方面軍司令部付，（14/8）近衛歩兵第 2 旅団長，（15/5）留守第 4 師団長
山階宮武彦王（48）	32	休職，（7/11）病気退官	
賀陽宮恒憲王（32）	30	陸軍大尉，(6/8) 少佐，(10/3) 中佐，(13/3) 大佐，（15/12）少将	参謀本部部員，(7/11) 陸大教官，(9/3) 欧州出張，(10/8) 騎兵第 10 連隊長，(11/12) 騎兵第 16 連隊長，(12/11) 陸大教官，（13/7）中支那派遣軍参謀，（14/6）参謀本部部員，（15/12）騎兵第 2 旅団長
久邇宮朝融王（49）	29	海軍大尉，（7/12）少佐，（12/12）中佐，（14/11）大佐	海大（甲）学生，(7/12) 榛名副砲長，(8/9) 軍令部第 1 班参謀，(8/11) 木曽砲術長，(9/7) 八雲砲術長，(10/8) 軍令部第 3 部員，（11/12）軍令部第 1 部第 1 課部員，（12/12）長門砲術長，（13/12）横浜空副長，（14/10）第 1 連空参謀，（15/1）横鎮付，（15/7）八雲艦長，（15/11）木更津空司令
秩父宮雍仁親王（34）	27	陸軍大尉，(10/8) 少佐，(13/3) 中佐，(14/8) 大佐，（15/6）発病	陸大学生，(6/11) 歩兵第 3 連隊第 6 中隊長，(7/9) 参謀本部付勤務（作戦課），(8/12) 参謀本部付仰付，(10/8) 歩兵第 31 連隊大隊長，(11/12) 参謀本部付仰付，(12/3) 英国王戴冠式参列のため渡英，(13/1) 大本営参謀（戦争指導班）仰付
閑院宮春仁王（36）	27	陸軍中尉，(7/8) 大尉，(12/8) 少佐，(14/3) 中佐	陸大学生，（7/12）騎兵第 16 連隊中隊長，（9/8）騎兵学校教官，（11/8）陸大研究部主事，（12/11）北支那方面軍参謀，（13/5）陸大教官
高松宮宣仁親王（52）	24	海軍大尉，（10/11）少佐，（15/11）中佐	欧米巡遊，(7/11) 砲術学校卒業，(7/12) 高雄分隊長，(8/11) 扶桑分隊長，(9/11) 海大（甲）学生，(11/12) 軍令部出仕兼 2 部 3 課部員，(12/4) 軍令部第 3 部員，(12/7) 軍令部第 4 部員，(12/12) 軍令部第 1 部 1 課部員，（14/11）軍令部出仕，（15/7）比叡砲術長
竹田宮恒憲王（42）	21	陸軍少尉，(8/8) 中尉，(11/8) 大尉，(15/8) 少佐	騎兵第 1 連隊付，（10/12）陸大学生，（13/12）騎兵第 14 連隊中隊長，（13/8）第 1 軍参謀本部付，（13/12）第 1 軍参謀，（14/6）参謀本部員（研究員），（15/12）第 1 部作戦課
李鍵公（42）	21		

それでもなお、陸軍は皇族の上奏に期待をかけていた。閑院宮参謀総長は陸軍の思ったように働いてもらえず、有力な皇族をさらに「裏の通路」（参謀次長・沢田茂）として期待したのである。

また、単なる裏の通路としても捉えられない事例もあった。一九三六年八月、閑院宮春仁王が騎兵学校教官から陸大研究部主事に移る際に、陸軍大臣経験者の南次郎（当時、予備役）から、将来陸軍を背負ってたつべき地位にある皇族としては前例にかかわらず、一度は陸軍省軍事課に籍をおいて実務をみることが望ましいと助言されているのである。陸軍省軍事課は陸軍省でも最も中枢であり、高度に政治力を駆使する現場であった。しかも、これは二・二六事件の起きたわずか半年後の提案である。結局この話は実現しなかったものの、皇族を陸軍省軍事課に配属するという発想自体が、非常時の特殊性を物語っている。非常時の皇族は、明治維新の皇族と同様に、制度を保つための守勢ではなく、国を改革するために活発に働くことを求められていたのである。昭和一〇年代になると、さらにその傾向は強まる。皇族の終戦工作や東久邇宮内閣など、皇族の政治活動で取り上げるべき事例は多いが、ひとまず、昭和初期の非常時に皇族をとりまく政治環境、同時に皇族自身の意識に大転換が起きたことを指摘しておく。

非常時の皇族をリストアップすると、表2になる。一九三一（昭和六）年において、軍籍にある皇族を年齢順にリストアップしたものである。図中において、いわゆる長老皇族といえるのは、閑院宮・梨本宮・伏見宮の三者である。長老皇族の役割をおおまかに示せば、外国使臣の謁見、皇族代表としての役目、長老皇族として天皇・直宮の威儀を奉助すること、皇族の手本となる行動を取ることであった。皇族の序列で上位に立つべき直宮がいない時代が続いたため、軍の序列で上位にある長老皇族が皇族の代表的立場を務めていたのである。また、長老皇族は皇族の代表的立場として、天皇（皇太子）の君徳輔導にもあたった。伏見宮博恭王が昭和天皇と気軽に話すことができると言っていた根拠は、この長老皇族という立場にもあったのである。ところが、直宮が壮年期に達した昭和初期には、直宮が、従来長老皇族の担っていた皇族を代表する立場にとって代わりつつあった。特に一九三六年の二・二六事件において、長老皇族が直宮に天皇の補佐を託した頃から、その移行が始まった。受動的な長老皇族から、能動的な若手皇族である直宮に主導権が移りつつあることで、皇族への期待は当時ますます加速していったのである。

近代皇室制度の終焉

一九四五（昭和二〇）年八月一五日、日本は敗戦を迎える。鈴木貫太郎内閣は、国体の護持が保証されたものと信じてポツダム宣言を受諾した。ところが、連合国の占領政策は、確実に国体（天皇を中心に据えた国家体制）の解体に向かっていたのである。

連合国の占領政策の指針は、トルーマン大統領が一九四五年九月六日に承認した文書、降伏後における米国初期の対日方針に明らかである。その文書が究極の目的として標榜していたのは、日本が再び米国や世界の脅威とならないために、日本を徹底的に無力化することであった。具体的には、一般に知られているような陸海軍の解体や財閥解体などの事項が指示されていたが、この時同時に、皇室の弱体化を迫る皇室財産の解体も指示されていたのである。

連合国の戦略は、占領統治に天皇の存在が役立つので皇室制度は残して利用するが、再び皇室が繁栄し影響力を持つことを許してはならない、というものであった。封建的及び権威主義的傾向は修正されるべきと宣言されていたことからも、それは明らかであった。そこで連合国がまず着手したのが、権力の源泉と考えられた、巨額にわたる皇室財産の解体であった。同文書中では、占領目的の達成に必要な如何なる措置よりも免除されることはないとも付言されており、徹底的な解体が指示されていたのである。占領統治が始まるとすぐに、皇室の財産調査が始められた。その後、財産調査に基づいて最高税率九〇％にも及ぶ巨額の財産税が課されるとともに、皇族に関する一切の特権も廃止された。さらに、皇族歳費も大幅に絞り込まれた結果、皇族は自活すら難しくなり、これが後の一斉臣籍降下の一因となったのである。

また、皇族の身分すら、従来のような保護の対象では全くなくなっていた。一二月には、梨本宮守正王が戦争犯罪人の疑いをかけられ、巣鴨プリズンに収監された。梨本宮は当時最長老の皇族であり、元帥・陸軍大将であった。確かに軍事参議官であったものの、軍事参議官は実質的に権限のないポストである。もちろん梨本宮が戦争犯罪人であるはずもなく、翌年四月には釈放された。しかし、梨本宮の収監は連合国の皇室に対する態度を示したものともいえ、宮内省や皇族にとっては衝撃的だったであろうという想像に難くない。

巨額の財産税が課され、皇族に関する一切の特権も廃止され、さらに、皇族歳費も大幅に絞り込まれてしまったことで、皇室制度を維持するためには皇族の削減が必要不可欠な状況に追い込まれていった。また、GHQ内部から「今上天皇及び男子御兄弟御三方の皇族としての已存権を確認す」（木下道雄『側近日誌』）との内容を含む「ダイク意見書」がもたらされた。天皇及び直宮の「已存権」が確認され、皇室制度の存続は認められたのである。ただし、天皇及び直宮に限定した記述であり、それ以外の一般皇族については触れておらず、一般皇族の「已存権」については認めないとの暗示でもあった。その結果、皇室制度を守るために一九四七年一〇月一四日、直宮を除く一般皇族のすべてが臣籍降下することになったのである。

現在、皇位継承の危機を迎えている理由は、まさにここにあるといってよい。長い歴史上で、皇室が政治と密接な係わりのあった期間はごく短かった。また、皇室の財政が豊かであった期間は稀であった。その点で、近代日本の皇族はかなり恵まれていたといえる。しかし、厳しい時代においても、皇室は変わらず続いてきた事実が重要である。それは、皇室が本質的部分だけはかたくなに守ってきたからである。つまり、それは男系に継承し続けることであり、祭祀を守り続けることであった。この歴史的事実に対して、我々はどう応えるべきなのか。実系のみならず傍系も充実させておくこと、この原点に帰るべきではないか。その原点を踏まえて制度的に充実させたのが、近代皇室制度であったはずである。今後は、歴史を踏まえた議論、しかも、皇位の継承者を自覚している皇室自身の意思を尊重した議論が進められる必要がある。

主要参考文献

〈史料〉

『皇族軍人伝記集成4　伏見宮貞愛親王』（ゆまに書房、二〇一〇年）
「高松宮家史料」「山階宮家史料」（学習院大学史料館所蔵）
「高松宮宣仁親王」伝記刊行委員会編『高松宮宣仁親王』（朝日新聞社、一九九一年）
高松宮宣仁親王『高松宮日記』（中央公論社、一九九五～一九九七年）
「安田鋏之助関係文書」（学習院大学史料館所蔵）
木戸幸一『木戸幸一日記』（東京大学出版会、一九六六～一九八〇年）
原田熊雄『西園寺公と政局』（岩波書店、一九五〇～一九五六年）
寺崎英成『昭和天皇独白録：寺崎英成御用掛日記』（文芸春秋、一九九一年）
木下道雄『側近日誌』（文芸春秋、一九九〇年）
公文書引用：国立公文書館アジア歴史資料センター（JACAR）http://www.jacar.go.jp/

〈文献〉

浅見雅男『皇族と帝国陸海軍』（文藝春秋、二〇一〇年）
伊藤隆他編『続・現代史資料5　海軍　加藤寛治日記』（みすず書房、一九九四年）
伊藤博文『帝国憲法皇室典範義解』（国家学会、一八八九年）
小笠原長生『依仁親王』（東伏見宮、一九二七年）
岡田啓介『岡田啓介回顧録』（中公文庫、一九八七年）
小田部雄次『昭和天皇と弟宮』（角川学芸出版、二〇一一年）
学習院大学史料館『写真集　近代皇族の記憶―山階宮家三代―』（吉川弘文館、二〇〇八年）
閑院純仁『日本史上の秘録』（日本民主協会、一九六七年）
閑院純仁『私の自叙伝』（人物往来社、一九六六年）
宮内省臨時帝室編修局編『明治天皇紀』（吉川弘文館、一九六八～一九七七年）
後藤致人『昭和天皇と近現代日本』（吉川弘文館、二〇〇三年）
酒巻芳男『皇室制度講話』（岩波書店、一九三四年）
里見弴、東久邇稔彦、小松輝久、加陽恒憲、久邇朝融「殿下といわれて幾星霜」（『文芸春秋』文芸春秋、一九五七年三月号）
島　善高『近代日本皇室制度の形成』（成文堂、一九九四年）
砂田久政『皇族大百科』（朝日通信社、一九七五年）
園部逸夫『皇室法概論』（第一法規出版、二〇〇二年）
竹田恒泰『語られなかった皇族たちの真実』（小学館、二〇〇六年）
竹田恒泰『旧皇族が語る天皇の日本史』（ＰＨＰ研究所、二〇〇八年）
寛仁親王・加瀬英明・櫻井よしこ・小堀桂一郎『皇室と日本人』（明成社、二〇〇六年）
寛仁親王・工藤美代子『皇族の「公」と「私」』（ＰＨＰ研究所、二〇〇九年）
濵田英毅「侍従武官府人事の研究」（『学習院大学人文科学論集』一七号、学習院大学人文科学研究所、二〇〇八年）

濵田英毅「昭和天皇の政治・外交方針と軍事認識―昭和初期の海外出兵への対応をめぐって―」（『学習院大学史学会』四八号、学習院大学史学会、二〇一〇年）
濵田英毅「高松宮宣仁親王論―皇族としての終戦工作の行動原理―」（『学習院史学』四四号、学習院大学史学会、二〇〇六年）
濵田英毅「幻となった熱河作戦への「聖断」」（『歴史読本』五六巻九号、新人物往来社、二〇一一年九月）
東久邇稔彦『東久邇日記』（徳間書店、一九六八年）
東久邇稔彦『私の記録』（東方書房、一九四七年）
穂積八束『皇室典範講義・皇室典範増補講義』（信山社出版、二〇〇三年）
森松俊夫編『参謀次長沢田茂回想録』（芙蓉書房、一九八二年）

六　国体と国民
——国民主権と象徴天皇制の起源——

川口暁弘

ここでは、きのうの日本を席巻した国体についてのべる。国体とは国家のあり方、日本の本質を意味することばである。今なら国家論や日本論に該当するものとして、きのうの日本には国体論があった。当初、国体論は天皇論であった、大正・昭和と時代がくだり国民論に変化した、そして、国民主権と象徴天皇制を準備した——「国体と国民」と題して以上のことをのべる。

きのうの日本にあって、国体は魔語であった。国家の正統性をしめす言葉だったからである。国体に反するとの批難は社会からの抹殺を意味した。国体明徴《こくたいめいちょう》運動すなわち天皇機関説《てんのうきかんせつ》事件（一九三五〔昭和一〇〕年）で美《み》濃部《のべ》達吉《たつきち》のうけた仕打ちは、その代表例である。かつて美濃部は東京帝国大学法科大学の教授であった。その地位と名声は現在の大学教授を凌駕する。天皇機関説は美濃部の憲法学説の通称である。この学説が国体に反すると右翼が糾弾した。美濃部は孤立無援であった。皆まきぞえを恐れたからである。美濃部は貴族院議員の辞職においこまれた。著書は発禁処分をうけた。右翼に襲撃され負傷した。美濃部は犯罪者ではない。不敬罪容疑で取り調べをうけたが、不起訴処分になったからである。それでも上述の制裁があった。人々は恐怖した。万邦無《ばんぽうむ》比《ひ》、万古不易《ばんこふえき》といった厳めしい形容と、治安維持法や特高警察による思想弾圧といった言葉とが、わかちがたく結びついて、国体は戦中戦後世代に暗澹たる心象を刻印した。

これにたいして、若い世代、筆者が日頃接する大学生諸君は、国体をしらない。かれらの無知は学力低下と無関係である。受験生必携の『詳説日本史B』や『日本史B用語集』（共に山川出版社、改訂版、二〇〇九年）の索引に国体はない。ゆとり教育のせいではない。社会の表舞台から国体がきえた結果である。戦後、国体はわすれたい過去となり、口にしてはならない禁忌となった。コクタイは国民体育大会か国会対策の略語となった。

それでは国体は死語か。否である。敗戦によって国体は「曖昧きわまる翳《かげ》のようなものに化し」たけれども「その不気味な実在感だけはどこかにただよっているという印象である」（橋川文三　一九八五年）。この実在感と過去の悪夢こそ、戦後の保守論客が国体を国柄といいかえてきた所以であろう。

国体がもつ実在感の正体とは、国民主権と象徴天皇制である。国体が不気味な翳であるのは、国体論がはたした役割——国民主権と象徴天皇制の下地を準備したこと——を日本国民が忘れたためである。以上がこれからのべることの結論である。

1　明快であいまいな国体

国体と国体論——方法について——

右の文章において国体と国体論をつかいわけた。ここで筆者の方法をのべる。先ほどは結論からのべた。ここでは迂回する。これまでの国体研究の方法とその帰結――失敗はどうであったか。確認しよう。

国体とはなにか。文部省『国体の本義』（一九三七年）は、万世一系の天皇による統治が国体である、と定義した。その統治は永遠不変であり、天壌無窮《てんじょうむきゅう》である。国体は明確である。「大日本帝国は万世一系の天皇之を統治す」（憲法第一条）に依拠した議論である。戦中に教育をうけた読者であれば、現在の政治姿勢に関係なく、国体の明確さについて首肯《しゅこう》するだろう。だが、教育現場での明快な断言とは裏腹に、同時代の大人たちは国体研究に難儀した。「改まつて我が国体とは如何と問はれると、我々は即答に迷ふのである。我が国体の万邦無比なることは小児より大人に至るまで口にするところであるが、さて然《しか》らば其の所以《ゆえん》如何となると我々は判然回答し得ぬのである」（佐藤彦弥　一九三七年）。原因は、不思議なことに、国体の多義、曖昧にあった。国体は不変であるとの言葉に惑わされて、建国当初から国体が存在すると前提し、国体という言葉が存在しなかった時代に、まったく異なる動機で書かれた日本論、天皇論までも、一括して国体の説明とみなしたからである。

内務省神社局編『国体論史』（一九二一年）序文は「国体なる語の内容は極めて広汎なり。（略）従て古来の学者が国体なる問題を論究するに当りても多種多様にして一定の範囲の定まれるものなきに似たり」となげく。そこで編者の清原貞雄は「今此の篇を成すに当りては成るべく広き意味に採りて、出来得る限り種々の見方に拠る国体論を網羅することに務めた」。里見岸雄「「国体」の学語史的管見」（一九三三年）も同様の方針で史料博捜をおこない、国体には一五種類の用法があったと結論した。

事実として多様な用例がある。同時に国体は唯一不変で明確であるとの信念がある。事実と確信の齟齬《そご》を埋めるとすれば、国体は不変であるが「然しそれの把握は時代によつて必ずしも一定ではない。たゞ時代が降るにつれて、それの全面影が窺はれる機会が増大する」（船口萬壽　一九三〇年）のだと強弁する破目になる。だから

「出来るだけ諸説を綜合統一して、普通妥当な説を建設」（池岡直孝　一九三六年）する努力をやめない。たとえるなら富士山「の登山道は異なつてゐても、其の終極は山頂に於て合一する」と楽観するからである。かくして曖昧さが亢進する。最大公約数をもとめて足掻《あが》くからである。国体論文献の序文には枕詞として国体の多義と曖昧への言及が頻出する。著者達の謙遜であるが、そのほとんどが敗北宣言に転化する。国体の多義と曖昧は論者を悩ませつづけた。

戦後の研究者も同じ難問に逢着した。日本浪漫主義を内側から理解する知性をそなえた橋川文三が国体を曖昧きわまる翳と表現し、表象論の松浦寿輝が空疎と断じ（松浦寿輝　二〇〇〇年）、当代を代表する論客の姜尚中が「その本質は雲海のなかに隠れて茫洋としており、その空虚さだけが際だっていた」（姜尚中　二〇〇一年）と総括するからである。しかも戦後の研究者には、戦後体制を肯定するあまり、戦前の思想を狂愚とみなす傾向があった。同時に、はげしい言葉に研究者自身が毒されることへの警戒があった。国体論の場合、卑下と警戒は特に顕著であった。よって検討の筆が昭和以降におよばない。昭和一〇年代が国体論の絶頂期だったにもかかわらずである。

国体論者の失敗の原因は、みずから国体を研究したことにある。永遠不変の定義を事実と混同して研究対象を拡大したことにある。先達の苦労に学び筆者はつぎの方法をとる。

これから検討するのは国体論であって国体ではない。学問研究の対象として観察できるのは、文字で書かれた文章としての国体論であって、国体ではないからである。国体は実体をもたない。人間が言語によって構築した観念だからである。しかも抽象の度合いが高い。ここに見よ、かしこに見よ、といえない。にもかかわらずか、それゆえか、民族や人権と同様に、国体は思想信条の問題であった。極端な場合には信仰の対象として機能した。

そうであれば宗教学が神の実在について検討しないのと同様に、国体に接する必要がある。「宗教の抱く世界（コスモス）に関する命題がはたして究極的に真か偽かといった議論に対しては、いかなる点でもきびしく一線を画さなければならない」（バーカー　一九七九年）とすれば、筆者の任務は国体についての神学をみずから展開することではない。国体論の言説分析に徹することである。その際、不易、不変といった表現に惑わない。これらは神学上の教義に属するからである。些細な語句のちがいを見落とさない。字句の変化は国体論の変化であり、言説を構成する精神の変化をしめすからである。また、言説の高尚、低劣について自己の価値判断を交えない。よって右翼の言論もあつかう。

以上、ながすぎた前置きをおえて、本論にはいる。

国体の不変と国体論の変遷——詔勅のなかの国体論から変化を読み取る——

国体論は不変ではない。永遠不変、天壌無窮の定義に反して、国体論そのものは変遷した。天皇論から国民論へと変化した。その端的な証拠として、明治・大正・昭和各天皇の詔勅がある。詔勅とは天皇の言葉をつたえる公文書である。近代日本では、詔勅の文言は絶対に正しい。その実行は義務であった。承詔必謹である。詔勅の国体論は、絶対に正しいものとして受容された。さっそく羅列しよう。注目して欲しいのは、天皇と国民の関係である。両者は徐々に接近しているとわかる。

明治天皇・教育勅語　一八九〇（明治二三）年

「朕惟《ちんおも》ふに、我《わ》か皇祖皇宗《こうそこうそう》国を肇《はじ》むること宏遠に徳を樹《た》つること深厚なり、我か臣民克《よ》く忠に克く孝に億兆《おくちょう》心を一にして世々《よよ》厥《そ》の美を濟《な》せるは此れ我か国体の精華《せいか》にして、教育の淵源亦実《えんげんまたじつ》に此に存す。」

大正天皇・即位礼の勅語　一九一五（大正四）年一一月

「義は即ち君臣にして、情は猶《な》ほ父子のことく、以て万邦無比の国体を成せり。」

昭和天皇　即位礼の勅語　一九二八（昭和三）年一一月

「君民体を一にす。是れ我か国体の精華」

教育勅語では、皇祖皇宗による国家建設、道徳確立と、国民の一致団結とは、並列の関係である。言外に当然の前提としてあるのは、君主と臣民の上下関係である。大正天皇の勅語では、君民の関係は、他人行儀の上下関係であると同時に親密な血縁関係でもある、という。昭和天皇勅語に至っては、君民一体である。天皇と国民の関係は国体の精華である。精華とは、真価、真髄である。その説明が右のように変化した。国体論の変遷とは君民関係の一体化の道程である。以後、三つの詔勅の国体論をそれぞれ、明治国体論、大正国体論、昭和国体論とよぶこととする。国体論のように多くの論者が議論にかかわる場合、思潮の変化は特定の年月日におこるものではない。だが、変化の目印は必要である。三つの国体論は、今後の議論の便宜上設定した仮の目印である。つぎにしめすようなだらかな変化のなかで、変化の始点と終点をしめす目印である。

教育勅語はこののち国民道徳の出発点となる。忠君愛国《ちゅうくんあいこく》・忠孝一致《ちゅうこういっち》というあたらしい価値観を国民にひろめる試みである。忠君愛国とは、国家経営の責任を、国民全般に分担共有させる意想である。忠孝一致とは、天皇は君主であり国父であるから、君主への忠と、父への孝とは完全に合致するという意想である。忠と孝は矛盾する場合もありうるが、我が国ではそうした焦燥はおこらないという。

大正天皇勅語「義は君臣、情は父子」は、国民道徳の要約である。雄略天皇遺詔が出典である。しかし明治の国体論文献にこの文言はあらわれない。大正天皇勅語が明確に国体と認定したことによって、以後、頻出表現となったと考えられる。父子の情はあくまで統治の意匠である。けれども言葉は一人歩きをはじめる。単なる理想、努力目標ではなくなる。安田善次郎を暗殺した朝日平吾は遺書「死ノ叫声」（一九二一年）で「真正の日本人は陛下の赤子たり、分身たるの栄誉と幸福とを保有し得る権利あり、併《しか》も之なくして名のみ赤子なりと煽てられ干城なりと欺かる即ち生き乍らの亡者なり寧《むし》ろ死するを望まざるを得ず」とのべた。朝日は自分を天皇の分身と信じた。この発想は昭和国体論の君民一体につながる。

昭和天皇勅語も、変遷を後追いした感がある。すでに君民一体は時代の標語であった。一例をあげる。君民一体論は、古典の解釈をかえた。ほかの元号と同様、昭和にも出典がある。『書経（尚書）』の一節「百姓昭明、万邦協和」からとった。総理大臣・若槻禮次郎は君民一体の意だと解説した（若槻禮次郎　一九二七年）。『実業之日本』に寄せた文章である。ほかの寄稿者も君民一体と解釈した。だが「百姓昭明、万邦協和」は「百官（の職務）が明らかとなり（よく）勉めるようになって、（次に）よろずの邦々を仲よくさせた」（池田末利　一九七六年）と解するのが順当であり、君民一体とはほど遠い。桶谷秀昭『昭和精神史』（一九九六年）は若槻の文章を現代的解釈と評したが、もはや誤訳であろう。しかも若槻個人の誤訳ではない。立場のことなる人々が異口同音に過ちをおかしたのだから、この誤訳は、君民一体が人口に膾炙したためと解釈したい。翌年の昭和天皇勅語はこうした流行を反映したのである。なお戦後出版された『日本史小辞典』（旧版・山川出版社、一九八八年）も君民一体説にたって「昭和」を解説する。

以上三つの国体論を通じて、君民関係の密接化が確認できた。国体論はどのようにして国民論に変化していくのか、さらにくわしく具体例をあげて説明しよう。

2　明治大正期の国体論

明治国体論——国民の国体化——

明治国体論とその後につづく国民道徳は、国民の国体化とよぶべき、あたらしい変化を国体論にあたえた。国民の国体化とは、国体論のなかに国民が位置づけられたことをさす。なぜ、あたらしいのか。江戸時代、近世の国体論にさかのぼろう。

近世国体論は会沢正志斎「新論」を白眉とする。里見岸雄によれば、言葉としての国体は近世になってから普及し「新論」でひとつの到達点に達したからである。ここで会沢は、天皇の統治が安泰であるのは億兆が一致団結して(億兆心を一にして)ささえたからである、その証拠に臣下で皇位を奪おうとした者がいない、とのべる。天皇家の永続（皇統連綿）と、君臣の義とが会沢、ひいては近世国体論の要点である。

会沢の「新論」は教育勅語に影響をあたえた。億兆心を一にしてなどの文言や、天皇の統治と国民の奉仕という論の建て方が、おなじだからである。しかしながら、近世国体論は明治国体論に直結しない。断絶があるからである。そのことを最初に指摘したのは北一輝『国体論及び純正社会主義』（一九〇六年）であった。

日本国民は歴史のはじまりから天皇家の国家統治をささえてきた、日本は忠孝一致の一大家族である、こうした歴史観を背景として、明治国体論と国民道徳はなりたっていた。これらはあたらしい価値観であると北は主張した。天皇主権は史実に反する、まして国民が天皇に忠誠をつくしたとする説は史実に反する、江戸時代の身分制社会では、国民による天皇への忠節は否定されていた、北はそうのべた。北は徳川斉昭《なりあき》の言葉を証拠にあげる。斉昭は水戸藩主として、水戸学を主宰した人物である。藤田や会沢は、斉昭の配下だった。天皇や将軍につかえるには相応の身分が必要である、下々のものが直接天皇につくそうと考えるのは僭乱《せんらん》の罪を犯すものである、と斉昭はのべた（徳川斉昭　一八三三年）。僭乱とは身の程知らずの振る舞いをいう。身分制を前提にしたこの議論が、国民全般に天皇への忠誠をもとめる忠君愛国とおなじであるはずがない。

言葉の整理が必要だろう。臣と民の混同が議論を濁らせるからである。臣は君につかえて統治の側にたつものであり、民は統治の対象である。臣と民とは本来別物である、前者は官吏で後者は衆庶《しゅうしょ》である、とは穂積陳《ほづみのぶ》重《しげ》の説明である（穂積陳重　一九三六年）。よって水戸学の説く君臣の大義は、厳密には、大多数の民、衆庶・億兆と無関係である。ほかの近世国体論も同様である。管見のかぎりでは君民の大義と表記した史料は見あたらない。

臣と民との混同は、臣民という言葉にはじまる。かさねて穂積によれば臣民という語は、帝国憲法制定の際に発明された新語である。ここで臣と民の区別がなくなり、ふたつはひとつになった。北が批判した国体論の多くは、この臣民――国民の概念を無造作に遡及適用して、少数の臣のおこないを全国民のそれとみなす間違いをおかしていた。

だが、北の指摘は、著書の発禁処分によって葬られた。近世国体論が内包する身分制の問題はわすれられた。他方、明治国体論と国民道徳は忠君愛国を史実とみなして、国体の精華にかぞえあげた。こうして国民は国体の一部にくみこまれた。だが、かつて億兆は統治の客体にすぎず、天皇家をささえる立場にもなかった。福沢諭吉のいう客分にすぎなかった。明治国体論にいたって、はじめて国民は国体論に位置づけられたのである。明治国体論に国民の国体化という、あたらしい変化をみいだす理由は以上の通りである。

国民の国体化の影響

国民の国体化は、国民国家形成の必然である。国家の運命を自分のそれとおなじく考える、そうした国民を、近代化途上の日本は必要とした。国民の国体化の影響を明治末の三つの事件に確認しよう。

第一に大逆事件（一九一〇〔明治四三〕年）である。幸徳秋水らによる明治天皇暗殺計画があったとの嫌疑で一二人が死刑に処せられ、一二人が無期懲役となった。田中智学は怒る。大逆事件の遠因は国民の無自覚にあるからである。田中によれば皇統連綿は日本国民がまもってきた。これが国体の大本である。いまこそ国民的反省――皇統をまもる任務の再確認を要する、と田中はのべた（田中智学　一九一一年）。初確認のまちがいであろう。これを再確認と誤認する原因は国民の国体化にある。

第二に南北朝正閏《せいじゅん》問題である。大逆事件とほぼ同時期の事件である。文部省編纂の国定歴史教科書は南北両朝並立説をとった。後醍醐天皇の南朝も、足利尊氏の擁立した北朝も、同等にあつかった。南朝正統論者がこれを不敬と難詰した。「今は南朝正統説こそ、国体上より国民道徳上より、国家教育上より、最も正当と認むべきこと」（山崎籐吉　一九一一年）との立論である。北朝も南朝も天皇家の血筋である。どちらが正統でも、並立しても、皇統連綿である。だが、国体と国民道徳にてらして、南朝正統でなければならない。問題の成否を決定するのは国民道徳である。この論理がいかに異常か、加藤典洋にならって、つぎの事態を仮想しよう。あなたの家に見知らぬ他人がきて、正しい家系図なるものを提示し、今後はこれをつかえと指図した、そういう事態である。不愉快であるはずだ。南朝正統論者のふるまいはこの見知らぬ他人の所業である。しかもことは天皇家の系図である。南朝正統論者の行為は僭乱であろう。だが、国民道徳のまえに僭乱の感覚は麻痺する。天皇家の問題は、すでに国民の問題だからである。

最後に憲法学者による国体論争（一九一二年）である。穂積八束《やつか》・上杉愼吉《しんきち》師弟と、美濃部達吉との論争である。天皇主権説と天皇機関説の対立である。だが国体論の変化を重視すると、教育勅語制定当時に三〇歳の成人だった穂積と、ふたりの少年（美濃部一七歳、上杉一二歳）とで、世代による論調の変化がみえてくる。

穂積と上杉によれば、国体とは主権者の数による国家体制の分類である。主権者が一人ならば君主国体、多数ならば共和国体となる。天皇機関説を「国体に関する異説」として糾弾するのは、美濃部が主権は国家にあると主張したことと、実際の政治を政党政治にゆだねて天皇は政治に直接かかわらないのがよいと述べたことが原因である。つまり美濃部説では天皇が主権者である国体が揺らぐからである。ここでの国体は独語のStaatsformを翻訳した国法学特有の術語である。Staat は国家、Form は形体である。直訳では国家体制となるところを国体としたのである。だから「教育勅語にある所の「国体の精華」といふやうな国体といふ意味と、是れとは余程違ふのである」（上杉愼吉　一九一一年）。

こうした議論にたいして異論を唱えたのが美濃部である。国体とは教育勅語に表現された国家の根本的特質をさすのであって、穂積らの言葉遣いはおかしい――美濃部の批判を要約するとこうなる。美濃部は、普通の意義の国体――教育勅語の明治国体論で、穂積と上杉の国体論を攻撃した。三九歳の美濃部にとって、一七歳で接した明治国体論こそが普通であった。論争当時、美濃部は自分の国体論をこれ以上説明しなかったが、のちに「国体の観念は、わが帝国が開闢《かいびゃく》以来万世一系の皇統を上に戴いて居ることの歴史的事実と、わが国民が皇室に対して世界に比類なき崇敬忠順の感情を有することの倫理的事実とを示す観念」（美濃部達吉　一九二七年）であるとまとめた。美濃部もまた国民の国体化の影響下にあった。美濃部にとって国体論争は、普通の意義の国体を憲法学にもちこむ飛躍の一歩となった。

論敵の上杉も、国民の国体化にさからえなかった。後年には国体（天皇主権）と国体の精華（国民道徳）とを併用する折衷案を提示したからである。

年長世代の穂積にとって、上杉のような折衷や、美濃部のような飛躍はできない。政府の依頼で国民道徳を創作したのは穂積である。だが、その成果『国民教育 愛国心』や『国民道徳の要旨』をみても穂積にとって国体はあくまで天皇主権の問題である。国民は保護の対象であって、近世国体論の気配が濃厚である。穂積は国民道徳を創作して国民の国体化を後押ししたけれども、自分の立ち位置をほとんどかえなかった。

大正国体論――過渡期――

大正国体論は昭和国体論への過渡期である。注目するのは君民一体論の登場である。大正国体論の動向を憲政の神様、尾崎行雄と上杉愼吉のふたりで代表させよう。

第一次護憲運動（一九一三〔大正二〕年）で憲政擁護《けんせいようご》・閥族打破《ばつぞくだは》のかけ声を背景として第三次桂太郎内閣を糾弾して、尾崎行雄は憲政の神様となった。一九二四年の第二次護憲運動でも尾崎は憲政の神様であった。その間、普通選挙運動でも神様であった。つまり大正時代を通じて、尾崎行雄は憲政の神様であった。尾崎は大正デモクラシーの旗手として時代の先端をかけぬけたようにみえる。近代日本の思想風土において、先端を行くとは、西欧の流行や最新学説の紹介者となることである。尾崎はたんなる進歩派か。否である。

尾崎の護憲論は明治天皇への感謝にはじまる。憲法を制定し、臣民に権利を付与した天皇への感謝である。ゆえに「忠君愛国とか尊皇愛国とかの思想の中心は何んであるかといへば、私は之に答へて憲法の尊重であると断言することを憚らないのであります」（尾崎行雄　一九一三年）。尾崎の護憲運動は「憲法は元と先帝陛下の大御心より出でたるものなるが故に、帝国臣民は何うしても今日の選挙の腐敗せる状態を傍観して居つては相済みません」との決意に発した。尾崎の論調はつづく『憲政の本義』でもかわらない。「明治天皇陛下の盛徳大業は（略）憲法を制定し君民の権利を明確にし、以て此民に生命財産其他の権利を付与し給へるに在り」（尾崎行雄　一九一七年）とかさねてのべるからである。権利付与のなにがありがたいといって「此時始めて禽獣状態を脱して完全なる人類と為れ」たからだ、というのが尾崎の説明である。

『立憲勤王論』（一九一七年）において尾崎の憲政論は「君意民心の一致」の境地をめざす。「独り我が帝国に於て万世一系の実を見るは、君意民心常に其の一致を保てるが為なり」、「君意民心の一致は、我が建国の理想」であり「君意民心の一致を以て、我が国体の精華と為し、帝室尊栄の最大原因と為す」との断案がある。五箇条の御誓文の「万機公論に決すべし」との宣言や、憲法発布の勅語は、君意民心の一致をめざした宣言として意味をあたえられる。尾崎は「政党内閣なるものは、君意民心を一致せしむるの最好方便たるに過ぎず」と結論する。

こうした発言は、大衆迎合と、弾圧回避と、理想の憲政実現とを鼎立させようとした苦心のすえの最好方便かもしれない。だが尾崎ひとりの方便ではない。おなじ方便を、進歩派政党を自認する憲政会（のちに民政党）もつかった。一九一六（大正五）年、憲政会の結党宣言は「我が国体の一ありて二なく、金甌《きんおう》無欠《むけつ》の名誉と光輝とを独り世界に専らにする所以《ゆえん》のものは君臣一致、常に建国の本旨に率由し、未だ曾《かつ》て一日も之を失墜せざるに由りてなり」とうたった。民政党は一九二七（昭和二）年に創立の趣意を「国体の精華に鑑《かんが》み、一君万民の大義を体し、国民の総意によりて責任政治の徹底を期するものである」と宣言した。方便であれ建前であれ、これらの言説もまた大正デモクラシーの一側面である。大正時代の民主化要求運動が憲法発布の二月一一日を卜しておこなわれた事実を確認するとき、その感を一層つよくする。

「君意民心の一致」が君民一体に転化するのは、さしたる飛躍を必要としない。上杉慎吉の議論でそのことを確認しよう。

一九一九（大正八）年、第一次世界大戦が終結した。『きのうの世界』は総力戦によって破壊された。かわって米国とソ連が戦後世界に擡頭した。総力戦と民主主義と社会主義が戦後世界を変革する原動力であった。日本にも改造の気運がたかまった。その担い手が革新派である。改造とはさしあたり普通選挙の実現であった。

上杉慎吉も普通選挙実現に奔走した。「これに依りて大に君民合一の実を挙げ、国体の本義を明徴にせん」（上杉慎吉　一九二七年）と考えたからである。上杉も『暴風来』（一九一九年）の危機感を革新派と共有した。だが革新派があたらしい未来の創造をかかげたのにたいして、上杉は国体の精華――真日本建設の理想に回帰した。これは両者の思惟構造の違いである。「国体の精華を発揮して建国の精神を充実する真日本を建設せんとするには、極度まで天皇の威力を伸べ、極度まで民力を合一し、極度まで君民合一の実を挙ぐるに努めなければならぬ」（上杉慎吉　一九一九年）。上杉の普選論は『国体精華之発揚』（一九一九年）の最好方便である。

ここで尾崎と同様に、上杉も過去をよみかえ、歴史を再解釈した。「大日本帝国憲法は、実に世界の日本を建設したまひし、我が国民の最も敬仰欽慕する明治大帝の賜である」（上杉慎吉　一九二八年）けれども、「天皇主権の実を充たし、天皇の力に由つて民心を暢達し、民力を合一し、君臣合一して建国の精神を発揚するが憲法発布の大なる趣旨でなければならぬ」（上杉慎吉　一九一九年）。再解釈は明治維新にさかのぼる。「皇政復古は天皇の親政に依りて、国民全体の力を極度に発揮し、君民合一して、以て国運の隆昌を図らんとするを眼目とした」ものであり、憲法も普通選挙も「国体の精華を発揮するに外ならぬ」（上杉慎吉　一九二八年）こととなる。

上杉の国体論に変化が生じた。国民道徳から君民合一への変化である。「国体の精華として（略）根本的に重要な事は君民合一と云ふ事である」（上杉愼吉　一九一九年）。「君民和合」（上杉愼吉　一九二五年）とも「国民即天皇」（上杉愼吉　一九二一年）とも表現したが、いずれも「天皇を中心とし天皇に統一せられて存する」（上杉愼吉　一九一九年）趣旨である。

天皇主権を本質とした国体論は、君民合一によって溶けて流れた。ここにいたれば、君民合一と君民一体のあいだに表現のちがい以上のものはない。

3　昭和期国体論——戦前と戦後——

昭和国体論——君民一体論から国民論へ——

さきに君民一体は時代の標語だとのべた。流行の牽引者は右翼、国体論者である。

右翼の雑誌が「万邦無比なる国体の精華は、万代不易の皇室に集まり、君民一体の精神に帰す」（『日本及日本人』　一九二八年）とのべれば、国体論者も君民一体をとりいれた。「万世一系の皇統を仰ぎ、君民一体の国家をなし、世々其の美を済したるものであつて、是れ即ち我が国体の精華を発揮したるものである」（佐藤清勝　一九三四年）。「君民一体、上下一致の国家的活動は（略）全く我が国体の顕現であり、又実に我が国体の精華を発揚するものである」（河野康三　一九四二年）。

天皇機関説攻撃も君民一体論が論拠である。明治憲法の「政治原理は君民一体である」（佐藤清勝　一九三四年）ことが当然の前提である。美濃部学説は「我が国の成立も、天皇の本質も、君民一体の国体も弁《わきま》へない邪説であり、また万邦無比・金甌《きんおう》無欠《むけつ》の我が国体を汚辱し否認する悪逆無道の暴論である」(伊東祐郎　一九三五年)。「国民をして意識的に自覚的に天皇に一体たらしめやうといふのが、すなはち憲法発布の真の思召しである。憲法によつて、憲法を通して、天皇と国民とが一体になる」(田村益喜　一九三五年)ことに明治憲法の本質があるのだが「君臣一体の理法は自由法学の概念的詮索のみで能く解説し得るもので無い」(安藤紀三郎　一九三五年)。

さまざまな分野に同調者と追随者がいた。国民道徳の井上哲次郎も「人道主義の精神を以て基礎となして君民相互に結合して一体を成すのが我国体の根本的特色である」と宗旨替えする。神道家も君民一体である。「大日本国体は(略)君民一体の聖明なる御魂である」(荒垣金造　一九三五年)。産業(蒔田五郎　一九四〇年)から詩歌(中野八十八　一九三七年)まで君民一体を論ずる。革新派でさえ君民一体に言及した。社会大衆党の亀井貫一郎は大政翼賛会に結実する新党計画を「一君万民、君民一如の国体の精華の発揚に一般の貢献をなさんとする」(亀井貫一郎　一九四〇年)ものと正当化した。近衛文麿も「君民一体、忠孝一本、以て八紘一宇《はっこういちう》の大業を固成するは我が国体の本義なり」(近衛文麿　一九四〇年)とはじまる文言を新党宣言案にもりこんだ。君民一体は時候の挨拶のように定型化して、社交辞令になったかのようである。

政府刊行物も君民一体論を採用した。文部省『国体の本義』(一九三七年)では「我が天皇と臣民との関係は、一つの根源より生まれ、肇国以来一体となつて栄えて来たものである(略)こゝに世界無比の我が国体がある」とのべた。「我が国に於ては、君臣一体と古くよりいはれ、天皇を中心として億兆一心・協心戮力、世々厥の美を済し来つた」のであり、昭和天皇即位の勅語は「君民体を一にして、その苦楽を共にし給ふ尊い和の純粋顕現」であった。『臣民の道』(一九四一年)は「神と君、君と臣とはまさに一体であり、そこに敬神敬祖、忠孝一本の道の根基がある。かかる国体にして、よく永遠に生成発展して天地と並び存する」とした。東條英機『戦陣訓』（一九四一年）でも「大日本は皇国なり。（略）君民一体以て克く国運の隆昌を致せり」としてこれを「我が国体の本義」とよんだ。

君民一体は国体論をかきかえた。その証拠に、君民一体論は、教育勅語の解釈をかえた。木崎為之によれば、教育勅語の「億兆心を一にして」という文言は「実に君民一体の最も適切なる説明であり、立証である」。「億兆心を一にして」は、国民が一致団結して、の意である（木崎為之　一九三七年）。公式解説書として、政府の依頼で書かれた井上哲次郎『勅語衍義《えんぎ》』（一八九一年）でも、当該部分を「民心ノ固ク和合一致」することと解した。けれども、右の引用では君民一体である。誤釈であろう。しかし内田良平『聖訓謹解』（一九二八年）が「「億兆心を一にし」は「億兆」とは万民即ち国民全体を指すの意にして、其の「心を一にし」とは（略）即ち皇室と国民とが一つ心になつて来たと云ふの意味である」として、国体の本質を「万世一人格、体用一和、君民一体」と説明するとき、ことはたんなる誤釈ではすまない。内田は右翼の大物である。この誤釈は時代精神の変化をあらわすだろう。どのような変化が生じたのか。小野正康によれば、右の解釈は「君民を平面的に相並べて」しまう「五分五分思想」であり、平等思想の侵入で生じた危険思想であるという（小野正康　一九四一年）。つまり内田良平の君民一体論は不敬思想となる。何故、この様なことになるのか。

そもそも君民一体とは「天皇は国民生活の中心、国家生命発展の中枢に在しまし、国民は天皇を中心に渾べて一体となつて、帰一する目的に向つて生成発展を遂ぐる」（帝国在郷軍人会本部　一九三五年）ことである。天皇崇拝にみえる。君民一体のなにが問題か。中心と帰一の裡に国民の不遜と自尊をふくむからである。

中心について議論できるのは天皇と国民がおなじ平面上にあるからである。二次元平面上に上下関係をえがくことはできない。いっぽうで君民一体論者はこの平面を、上から、みおろしている。そうでなければ中心を捕捉できない。右の状況の異常さは一君万民思想と比較すれば明瞭になる。一君万民は近世身分制を打破する平等思想である。天皇以外のすべての人間を万民に平準化するからである。大名も公家も町人や農民とおなじ万民となって、同一平面上にたちならんで、はるか上方にかがやく天皇をあおぎみる。これは空間図形における、水平面と上空の一点との関係である。一君万民論者の視点は平面上にあって、ほかの人々とともに天皇を、下から、みあげている。天皇と万民には上下関係がある。一君万民は純然たる天皇崇拝である。他方君民一体論は、論者の意図に反して、君民平等思想を内包し、天皇をみおろす傲慢さを秘める。君民一体は不遜の思想である。

だが、当事者はきづかなかった。それどころか、「日本の国体を表はすに一君万民と云ふことが、既に日本の姿ではありません。日本は何処までも君民一体でなければなりません。一君万民と云ふやうな、君は君、臣下は臣下と対立して居るやうな様子を現して、一君万民と云ふやうな云ひ方は、日本風の云ひ方ではありません」（今泉定助　一九三七年）とのべた。あるいは「君民一体とは甚だ不敬の語である、天皇を冒瀆し奉る言ひ現はし方ぢやないか」と問い質されることがわかっていても、昭和天皇の即位礼詔勅「君民体を一にす」をもちだして、君民一体は神代からの理念であると反論する小磯国昭の例がある（皇道社　一九四一年）。

不敬、冒瀆への鈍感さは精神の変化をあらわす。国家社会主義から右翼に転向した津久井龍雄が「天皇は人民との直結のなかに立つべきであり、そのためには中間に介在する特権支配層を打倒することこそ、真に日本の国体をあきらかにするゆえんであると考えた」（津久井龍雄　一九五八年）のは当然としても、二・二六事件の青年将校たちが「妖雲を払い除いた暁〔に〕は、天皇に二重橋の前にお出でいただいて、国民といっしょに天皇を胴上げしようではないか」（大蔵栄一　一九七一年）と意気投合したのは、精神の変化としかいいようがない。

かれらに僭乱の意識はない。「天皇の民族である、国民の天皇である」（西田税　一九二二年）ことが理想だからである。

帰一によって、不遜は自尊に昇華する。「天皇と臣民とは同一生命、同心一体であり、天皇は国家の中心基本であらせられ、絶対であらせられる」（野見山岩太郎　一九四〇年）なら、そのとき国民はどうなるのか。山本英輔（海軍大将）の言葉をかりれば「吾々が本当に至誠を捧げて　天皇陛下に仕へ奉つた時に同じ中心に合致するのであります。これが即ち吾々が御稜威を戴くのであります。御稜威を戴いた時に吾々に又絶対の力が出て来るのであります」（皇道社　一九四一年）ということである。「天皇は御一身に於て此の民族的大使命〔正義を地上に実現すること〕を表現させ給ひ、日本国民は天皇に帰一しまつることを通じて此の民族使命を分担担行する」（中谷武世　一九三四年）。そうであれば「我々日本国民の希望と目的とは（略）実に崇厳無比なる神の歴史を継承することであらねばならぬ」（『日本及日本人』　一九三〇年）だろう。君民一体は自尊の思想である。だが昭和の日本人に限定できる問題ではない。ことは「賤《しづ》の男《お》我々に至るまでも、神の御末に相違なきゆゑん」（平田篤胤　一八一一年）を説いた平田篤胤にまでさかのぼるからである。

君民一体をはたした国民は、自尊心にまかせて国体すら自己の造物とみなす。「国体といふものが、別の所に在るに非ず、我、即ち国体の一部である」（郷軍明徴同志会　一九三六年）。よって「国体の精華とは（略）常に其の時代時代の国民の創造して行くべきもので我々現代の国民も国体の精華を創造すべく現在の諸組織を改造せねばならぬ」（池袋正釟郎《しょうはちろう》　一九三二年）。「我々日本人の居る所には必ず国体がある。国体が我々を造つて来た。而して又我々は国体を大きくし、立派にし、神聖にすることに努力して来た。斯うして出来、斯うして立派になつて限りなく光を増し、天壌と窮り無く隆へて行くのが大日本帝国の国体である」（伊藤裕　一九四二年）。

君民一体をはたした国民にはあたらしい国体論が必要であった。その特質を要約するならば、天皇中心の国体論を国民中心の国体論にかえること――国体の国民論化である。むずかしい作業ではない。すでに君民一体である。「天皇親政と称するのは、実は「君民一体の政治」なのである」（井上日召　一九三三年）。だから「帝国憲法第一条は大日本帝国は万世一系の天皇之を統治すと銘記して居る。此の条文は君民一体の国家原理を明かにしたものである。」（牧健二　一九四三年）と飛躍した論理が主張された。こうして天皇は後景にしりぞく。全九章からなる牧健二『増訂　日本国体の理論』の第一章が「国民的政治文化の研究」ではじまり、第七章第六節「万世一系の天皇」ではじめて章立てに天皇の文字があらわれたことは「我が国体は、国民の性情と精神とに根拠し、国民生活の基本関係を決定してゐるものである」との定義からして当然の構成であった。「国体とは、国家を構成する国民全体の原始的にして特殊的なる政治的性向、即ち、所謂国民性に基いて、政治的に、全体として決定せられたる、国家其者の存立の基礎及び形式」（山崎又次郎　一九三五年）であるとか「国体とは民族基本社会が国家生活を営むに当つて、その各時代の政体を基かしめ、民族を窮極的に結合せしめるところの歴史的社会的根拠である」（里見岸雄　一九三二年）とか「日本国家は天祖大神の御神意を意志とし、天壌無窮の皇運恢弘を目的として、永久無限に弥栄へ行かんとする民族の組織的活動体である。これが日本の国体である」（福来友吉　一九三〇年）とのべるとき、天皇は国体論に玉座をもたない。国体論の主役は国民である。国体の国民論化である。

国体論史とは、日本国民の自尊と増長の精神史である。国体論者の主観的意図は尊皇にあった。だが国体論の客観的結果は僭乱、不遜、自尊であった。国体の国民論化は国体論の極致である。天皇のもとの国民から国民のなかの天皇へ、国体論は変遷してきた。国体を避けて国柄といいかえたうえで、国柄を「歴史が醸成してきた国民性とそれにもとづく統治の在り方」（西部邁　二〇〇九年）とみなし天皇を国柄の換喩と位置づけるとき、はからずも論者は国体論史の正統な継承者として昭和の国体論をなぞっていたのである。

国体論から国民主権・象徴天皇制へ

日本国憲法は、米国主導の連合国軍最高司令官総司令部が作成した草案をもとにできた。改憲派がおしつけ憲法という所以である。護憲派はこの憲法を「日本国民の自由に表明せる意志」（ポツダム宣言）の産物とみなす。改憲派はこの憲法を帝国議会で審議して可決した過去をわすれた。護憲派は草案作成者をわすれた。いずれの忘却も故意であり、いずれも自己欺瞞である。実際は、啓蒙の善意と奴隷の媚態、強制と自由意志の混淆である。戦後改革のおおくは戦中から計画されていた。だが、憲法体制を変革することはできなかった。占領軍の強制による不磨の大典・明治憲法の改正で、ようやく日本国民の希望が実現したわけである。国民主権と象徴天皇制もそのひとつに数えてよい。

天皇陛下は、一つにまとまつた日本国民の象徴でいらつしやいます。これは、私たち日本国民全体の中心としておいでになるお方ということなのです。それで天皇陛下は、日本国民ぜんたいをあらわされるのです。このような地位に天皇陛下をお置き申したのは、日本国民ぜんたいの考えにあるのです。（略）私たちは、天皇陛下を私たちのまん中にしつかりとお置きして、国を治めてゆくについてごくろうのないようにしなければなりません。

（『あたらしい憲法のはなし』）

右の文章を昭和国体論と無関係に読めるか。否である。「吾《わが》国体は国民精神の結晶であり、天皇は国民精神の帰一する大精神である」（田倉利之　一九三四年頃）。「天皇は、（略）日本国民の団結、むすびの中心であり、国民生活の核心であり、国運進興中軸であり、民族生々発展の原動、弥栄の本源」（中谷武世　一九三四年）である。「全国民が渾融一体国家の目的に帰一して生成発展し行く其総べての動きの中心、即ち生成発展し行く国民の総べての生活の中心として仰ぎ奉るのが即ち天皇に在しますのであつて、換言すれば、此帰一せる目的に向ふ動きの中心を我が国に於て天皇と申し奉るのである」（帝国在郷軍人会本部　一九三五年）。すでに昭和国体論の段階で、天皇は人格をうしない国民の中心と化していた。天皇統治も「民族の天皇統治に対する根本的尊崇、本来的尊重」（里見岸雄　一九三五年）の問題に還元され「天皇に対して我等国民一般が有する信念こそ我が国体の本義である」（紀平正美　一九三六年）。国体論は象徴天皇制の手前まで到達していた。また同時に国民主権にも肉薄していた。君民一体を前提とした場合、天皇親政は国民政治に転化する。「人民は天皇に帰一し、天皇に依りて人民の為めに人民に依る人民の政治が、天皇の政治として行はるる」（上杉愼吉　一九二八年）からである。

では『あたらしい憲法のはなし』は「ふるい国体のはなし」と同じか。それも否である。君民一体の対等関係から、国民主権下の象徴天皇制という上下関係にかわったからである。「主権の存する日本国民の総意に基く」（日本国憲法第一条）そのもとに、象徴天皇制があるからである。南原繁は「君民一体の日本民族共同体そのものの不変の本質」（南原繁　一九七三年）が、象徴天皇制を支持すると予言した。同時期に、里見岸雄は国体研究の集大成として『国体学総論』（里見岸雄　二〇〇五年）を書き「日本国民が天皇を要求する所以のものは必ずしも天皇の政治的能力ではなく、歴史を一貫した民族結合の永続的中心を求めてゐる」からだとのべた。いずれも、国民が天皇のありかたを決めることを当然のように論ずる。日本国民が、国民のもとに天皇をおく――これこそ八月革命と称するにふさわしい。つまり「天皇をもつて憧れの中心とするといふことを国体と考へることは、だいたい国民常識の一致するところ」（金森徳次郎　一九四七年）であり「民族の中に国体が成立して居る」

（金森徳次郎　一九四六年）と断言する金森徳次郎（新憲法制定当時の担当国務大臣）が「素朴なる我々の心の中に於て、真に国民敬愛の中心たる天皇」の地位について「日本国民の心の中心となつておいでになる方が国民の総意に依つて国民統合の象徴であると云ふ風に定めることは、実に適切である」（第九〇回貴族院本会議）とのべたことこそ革命であった。主客顚倒の用意はあった。自由意志にもとづいて昭和国体論がこれを準備した。金森の依拠した国民常識を準備したのは右翼や国体論者である。右翼や国体論者が敷設した軌道、国体の国民論化に乗り、占領軍の強制による改憲を推進力として、日本国民は国民主権と象徴天皇制を受容した。

最後に疑問がのこる。国体論が国民主権と象徴天皇制につながることを、わたしたちは、なぜわすれたのか。右翼、国体論者が、国体論の延長上に国民主権と象徴天皇制を論ずる動向はほとんど存在しなかった。米国主導の占領政策、その象徴である象徴天皇制と国民主権とを、日本解体の第一歩として嫌悪したからである。他方一般国民は戦前体制への嫌悪と戦後民主主義への親近から、国体論について聞く耳をもたなくなってしまった。言論媒体から国体がきえた。国体論文献は破棄された。幸運な場合でも図書館の死蔵書籍となった。ここに忘却が生じた。きのうの日本との断絶が生じた。

かつて日本人はきのうの日本に国体論を通じてひとつの未来を構想した。その未来は今日の日本に国民主権と象徴天皇制として結実しているけれども、わたしたちは、そのことを国体論とともに忘却した。わたしたちは国民主権と象徴天皇制を、戦後民主主義の産物として語る。戦後民主主義は戦前との断絶に正当性の根拠をおく意想である。だから、わたしたちは国体論に思想史上の正当な居場所をあたえなかった。その結果、国体論は戦後社会のなかを不気味な翳として浮動することになった。国民主権と象徴天皇制が継続するかぎり、この翳はきえない。だが、もはや恐れる必要はない。恐怖の正体を知ったからである。

主要参考文献

〈史料〉

荒垣金造『神徳の輝国体明徴』（大日本建国会報恩社、一九三五年）
安藤紀三郎『「天皇機関説」を搏撃す』（海軍問題懇談会、一九三五年）
池岡直孝『国体明徴と日本教育の使命』（啓文社、一九三六年）
池袋正釟郎「訊問調書」（一九三二年、高橋正衛『現代史資料』五、みすず書房、一九六四年）
伊東祐郎編『「天皇機関説」の撲滅戦』（大倉広文堂、一九三五年）
伊藤　裕『神国大日本国体之尊厳』（国体明徴刊行会、一九四二年）
井上哲次郎『我が国体と国民道徳』（廣文堂書店、一九二五年）
井上日召「梅乃実」（一九三三年、前掲『現代史資料』五）
今泉定助『国体明徴と人生生活』（日本学術普及会、一九三七年）
上杉慎吉『憲法読本』（日本評論社、一九二八年）
上杉慎吉『国体精華之発揚』（洛陽堂、一九一九年）
上杉慎吉『国体論』（有斐閣、一九二五年）
上杉慎吉『国民教育帝国憲法講義』（有斐閣書房、一九一一年）
上杉慎吉『国家新論』（敬文館、一九二一年）
上杉慎吉『政治上の国民総動員』（日本学術普及会、一九二七年）
上杉慎吉『暴風来』（洛陽社、一九一九年）
内田良平『聖訓謹解』（黒竜会出版部、一九二八年）
大蔵栄一『二・二六事件への挽歌』（読売新聞社、一九七一年）
尾崎行雄『憲政の本義』（一九一七年、『尾崎咢道全集』第五巻、公論社、一九五五年）
尾崎行雄『立憲勤王論』（一九一七年、前掲『尾崎咢道全集』第五巻）

尾崎行雄『立憲国の青年及教育者』(育成会出版部、一九一三年)
小野正康『教育勅語を拝読して』第三篇(国民精神文化研究所、一九四一年)
金森徳次郎「新憲法の精神」(時事通信社編『日本国憲法(解説と資料)』時事通信社、一九四七年)
金森徳次郎『日本憲法民主化の焦点』(協同書房、一九四六年)
亀井貫一郎「全国民諸君に告ぐ」(一九四〇年、今井清一、伊藤隆編『現代史資料』四四、みすず書房、一九九〇年)
木崎為之『国体明徴我観』(私家版、一九三七年)
北　一輝『国体論及び純正社会主義』(一九〇六年、『北一輝著作集』第一巻、みすず書房、一九五九年)
紀平正美『国体と帝国憲法』(日本文化協会、一九三六年)
憲 政 会「結党宣言」、民政党「創立趣意書」(村川一郎編『日本政党史辞典』上、国書刊行会、一九九八年)
郷軍明徴同志会『郷軍本然の使命　国体明徴達成への一考察』(私家版、一九三六年)
皇道社編『道義国家建設の経緯　国体明徴運動編』(財団法人皇道社、一九四一年)
河野康三『国体観念の史的研究』(日本電報通信社出版部、一九四二年)
近衛文麿・矢部貞治起草カ「宣言文案」(一九四〇年、前掲『現代史資料』四四)
佐藤清勝『日本精神読本』(東亜事局研究会、一九三四年)
佐藤清勝『美濃部博士の日本憲法論批判』(東亜時局研究会、一九三四年)
佐藤彦弥『我が国太古人の自然観と祖国文化への再認識及国体明徴』(私家版、一九三七年)
里見岸雄『国体学総論』(日本国体学会、二〇〇五年)
里見岸雄『国体憲法学』(二松堂書店、一九三〇年)
里見岸雄「『国体』の学語史的管見」(里見日本文化学研究所、一九三三年)
里見岸雄『天皇の科学的研究』(先進社、一九三二年)
社　　説「神の歴史を継承する任務」(『日本及日本人』政教社、第二一二号、一九三〇年一一月一日発行)
田倉利之「上申書」(一九三四年頃、前掲『現代史資料』五)

田中智学『大逆事件における国民的反省』（獅子王文庫、一九一一年）
田村益喜『「天皇機関説」に対する我等の態度』（養正時評社、一九三五年）
津久井龍雄『私の昭和史』（東京創元社、一九五八年）
帝国在郷軍人会本部編『大日本帝国憲法の解釈に関する見解』（軍人会館事業部、一九三五年）
東條英機『戦陣訓』（教材社、一九四一年）
徳川斉昭「告志篇」（一八三三年、今井宇三郎・瀬谷義彦・尾藤正英編『日本思想大系五三水戸学』岩波書店、一九七九年）
内務省神社局編（清原貞雄著）『国体論史』（内務省神社局、一九二一年）
中谷武世『天皇の御本質と天皇政治の本義』（国民思想研究所、一九三四年）
中野八十八『詩歌の生命と国体明徴国史教育の新提唱』（明治図書、一九三七年）
南原　繁「天長節」（『南原繁著作集』第七巻、岩波書店、一九七三年）
西田　税「無眼私論」（一九二二年、前掲『現代史資料』五）
野見山岩太郎『学説綜合大日本国体明徴論』（共英社、一九四〇年）
「万世に輝き千秋に範たる御即位大礼」（『日本及日本人』第一六三号、政教社、一九二八年一一月一日発行）
平田篤胤「古道大意上巻」（一八一一年、平田篤胤全集刊行会編『新修平田篤胤全集』第八巻、名著出版、一九七六年）
福来友吉『国体明徴』（神宮礼拝協会、一九三〇年）
船口萬壽『国体思想変遷史』（国体科学社、一九三〇年）
星島二郎編『上杉博士対美濃部博士　最近憲法論』（実業之日本社、一九一三年）
穂積陳重『続法窓夜話』（岩波書店、一九三六年）
穂積八束『憲法提要』（有斐閣書房、一九一〇年）
穂積八束『国民教育 愛国心』（八尾新助、一八九七年）
穂積八束『国民道徳の要旨』（国定教科書共同販売所、一九一二年）
牧　健二『増訂 日本国体の理論』（有斐閣、一九四三年）

蒔田五郎『国体と産業報国運動』（産業報国聯盟、一九四〇年）
美濃部達吉『逐条憲法精義』（有斐閣、一九二七年）
文部省『国体の本義』（文部省、一九三七年）
文部省『あたらしい憲法のはなし』（実業教科書、一九四七年）
文部省教学局編纂『臣民の道』（内閣印刷局、一九四一年）．
山崎籐吉・堀江秀雄『南北朝正閏論纂』（鈴木幸、一九一一年）
山崎又次郎『国体明徴を中心として帝国憲法を論ず』（清水書店、一九三五年）
若槻禮次郎「昭和の新政を迎ふる国民の覚悟」（『実業之日本』第三〇巻第三号、一九二七年二月一日発行）

〈文献〉

池田末利『全釈漢文体系十一尚書』（集英社、一九七六年）
桶谷秀昭『昭和精神史』（文藝春秋社、一九九六年）
加藤典洋『「天皇崩御」の図像学』（平凡社、二〇〇一年）
姜尚中『ナショナリズム』（岩波書店、二〇〇一年）
西部邁『昔、言葉は思想であった』時事通信社、二〇〇九年）
バーカー『聖なる天蓋』（新曜社、一九七九年）
橋川文三「国体論の連想」（『橋川文三著作集』二、筑摩書房、一九八五年）
松浦寿輝「国体論」（『表象のディスクール⑤メディア―表象のポリティックス―』東京大学出版会、二〇〇〇年）

七　朝鮮戦争と地域

――戦後「運動」の出発点――

鬼嶋　淳

はじめに――地域社会の明日をどのように構想していたか――

これまで、日本の戦後は、単線的にイメージされ、単純化されて語られる傾向が強かった。二〇〇〇年代に入ると、映画「ALWAYS　三丁目の夕日」に代表されるような「昭和三〇年代ブーム」がメディアによって広められたが、こうした高度経済成長期の日本に対するノスタルジーも、単純化された日本の戦後像の一事例といえる（安田常雄　二〇一〇年）。

だが、敗戦後、高度経済成長への道は決して既定路線ではなかった。戦後改革による新たな状況下、人びとは様々な可能性があるなかで、自らが生きる社会を選択してきた。その積み重ねが日本の「戦後社会」であった（大門正克　二〇〇九年、荒川章二　二〇〇九年）。戦後日本社会像は、「複雑」であり、また「多様」である（グラック、キャロル　一九九五年、安田常雄　二〇一〇年）。二〇一一年三月一一日の東日本大震災とそれを契機とする原発事故後、戦後の日本社会のあり方をめぐり議論が活発化しているが、「多様な戦後」という視角は改めて重要視されなくてはならないであろう。

本章では、戦後という時代を生きた人びとが、自分たちの生活する場であった地域社会の明日をどのように構想していたかについて検討する。そのことを通じて、人びとが悩み迷いながら生き、戦後の日本を選択していったことを明らかにしたい。具体的には三点に注目して検証する。第一に、特定の地域社会に立脚して検討する。第二に、戦後という激動期を動態的に把握するため、地域社会を運動との関連で検討する。従来のような個別運動史ではなく、地域における諸運動を総体として把握し分析することで、地域における複合的な課題を検証する。とくに運動への参加動機や運動参加者の意識に注目する。なお、ここでは、駅廃止反対運動、人形劇運動など必ずしも「社会運動」では一括りにできない諸運動を扱うため、大門正克の指摘にならって「運動」をサブタイトルに用いる（大門正克　二〇一〇年）。第三に、一九五〇年前後の朝鮮戦争期に焦点をあてる。朝鮮戦争は戦後日本社会に大きな影響を与えたが、これまで朝鮮戦争と地域社会との関連についてはあまり注目されてこなかった（山崎静雄　一九九八年、新津新生　二〇〇三年、三宅明正　二〇〇五年）。そこで、地域社会で生きる人びとは朝鮮戦争期にどのような対応をとったのかに注目する。

ここでは、地域社会と朝鮮戦争の関係を考えるために、埼玉県南西部の米軍基地地帯の中心に位置した所沢地域を対象に設定する（図1）。当地域では、戦後、社会運動が高揚し、地域社会の矛盾や問題点、人びとの不満が顕在化した。同時に、戦後直後から都市近郊地域として都市化の問題が論点となった。つまり、所沢地域は、軍事的・政治的問題と人びとの生活要求が重なり合って現れた特徴的な地域といえる。

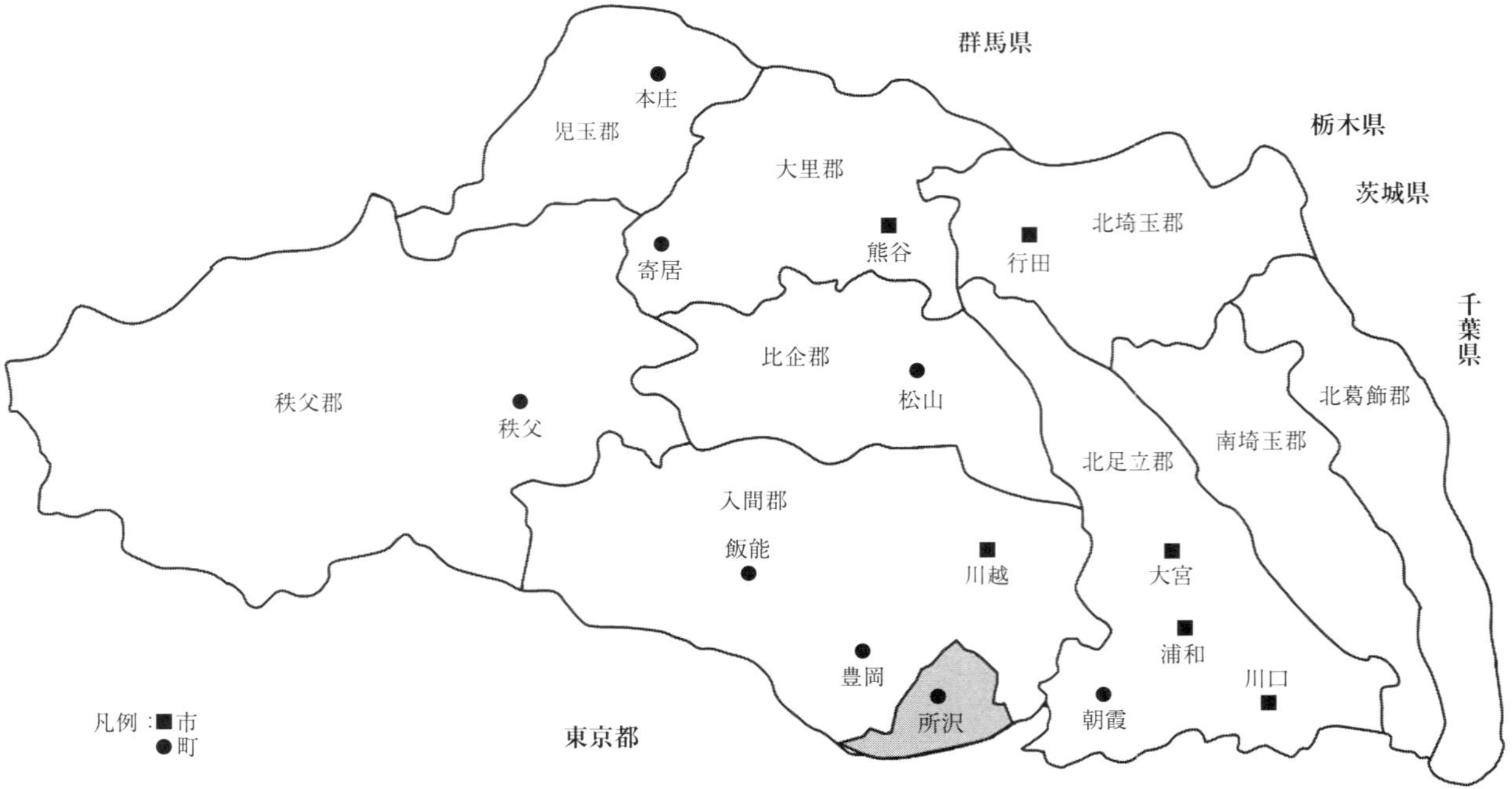

（出典）『埼玉県要図』1949年6月より作成.

図1　埼玉県概略図

これらの特徴は、戦後日本社会を検討する際に三つの重要な側面を照らし出す。第一に、所沢地域は米軍基地に隣接していたため、占領政策、講和問題といった国際関係の影響が直接的に現れた。第二に、日本共産党が運動の担い手として強力であったことから、敗戦直後に運動が高揚した後、レッドパージによる弾圧、日本共産党の分裂と再建、平和運動の高揚といった戦後運動史の論点が明確に現れた。第三に、占領後半期になると、運動組織と対抗関係にあった地域指導層は、埼玉軍政部や西武鉄道と密接な関係を築いていき、そのことが、所沢地域が衛星都市化、住宅都市化の方向へ進んでいく一つの契機となった。都市化への過程など経済史的側面でも、戦後日本社会の特徴が凝縮された地域といえる。

1　朝鮮戦争の地域社会に対する影響

敗戦後の社会運動の高揚

敗戦後の埼玉県所沢地域では、農村部では農民組合、都市部では日本共産党所沢細胞（以下、所沢共産党と略す）が運動のイニシアチブを握った。両者は一九四八年になると町内一三団体とともに所沢共同闘争委員会を設立した。他方で、地域指導層は、新井萬平町長を中心に、農村部と都市部のそれぞれの地区から有力者が町会議員に選出される形で形成された。そのため、当初、都市部と農村部の利害対立が存在しており、地域指導層は必ずしも一枚岩ではなかったが、一九五〇年頃には所沢地域の都市化を進める方向でまとまる。

ここで注目しておきたいことは、第一に、敗戦直後、農民組合は、食糧・土地問題だけではなく、税金・医療問題など生活の多様な課題に取り組むことで、農民の生活全般を安定・向上させる新しい村の構想を提示したことである。それにより、敗戦後の地域指導層による供出米の割当や隠匿物資の独占など不公正な行動に対して不満や怒りを抱いていた多くの農民の支持を獲得した。第二に、農村部の指導層は、一九四八年に農業協同組合の設立を担い、生産力の増進を焦点にし、農業経営経験の浅い中心メンバーが多かった農民組合を批判したことである。農業生産力の増進を重視する主張は、占領後半期、道路整備に取り組むことで農産物の販路を拡大し利益をあげようとする農民の支持と結びついた。

占領期の地域社会で問題となったことは、民主化か否かではなく、民主化を進める方法、担い手、内実であった。つまり、地域社会のあり方をめぐって激しいヘゲモニーの争奪が繰り広げられたのである（鬼嶋淳二〇〇三・二〇〇六年）。

講和問題・軍事基地問題の表面化

一九四九年一二月、所沢地域でも講和問題・安全保障問題が議論され始めた。ここでは、軍事基地問題が、所沢地域の運動にどのような影響を与えたかについて税金闘争を事例に探ってみよう。

それまで税金闘争では、生活を守るために強制的な徴税に対して税額の不公平さが問題となっていた。しかし一九五〇年になると、税金の利用のされ方が議論となる。例えば、「このまま三ヶ島の農民が首吊りをやり、最近川越の酒屋さんがノドを切つて自殺した。富岡でも一家心中未遂があつた。すべて重税のゆえにである。おかしな話である。税金は人民の生活の安定向上のために集められ使はれるのが建まえである。だから「義務」とも呼ばれる。それが税金のために殺される。一体いまの税金は誰のために集められ使はれているか。（中略）戦争のための日本の植民地化のための費用は集める必要も義務もない」（『所沢新聞』）といった批判である。生活の安定と向上のためにではなく、軍事基地化のために使われる税金は「不当」とされ、税金闘争は生活を守る運動という従来の目的に加えて、「平和を守り、民族の独立を守るための愛国斗争《ママ》」であるという位置づけに変化する（『所沢新聞』）。

さらに、大型トラックによる交通事故など地域の安全問題や、医療・衛生施設の整備を軽視する地域指導層に対して批判する際にも、軍事基地問題と連動されていく。それは、基地や関連工場が、朝鮮戦争勃発以来のあわただしい雰囲気を所沢市民の間に作り出し、地域社会が戦争の前夜そのものになっているという運動側の状況認識と関連していた（『平和の力』）。

地域住民のなかにも、所沢地域がとりわけ米軍基地を抱えていることと関連して緊迫した社会になっているという認識を示す人もいた。例えば、青年会で文化運動に取り組んでいた関沢豊久は、朝鮮戦争期の社会について、「すでに現実には朝鮮では戦争が行はれてゐるのだ。（中略）横田から或は九州からB（爆撃機のこと）が、豊岡からはP（戦闘機のこと）が飛び立って朝鮮を爆撃してゐるではないか。（中略）吾々は豊岡その他の土地の爆撃も決して嚇かしとして見逃すわけにはゆくまい、覚悟せねばならぬ。（中略）所沢の基地でさえ屡々兵隊の入れかえがあり、それらは皆朝鮮え送られと《ママ》の事である」と記している（『関沢豊久日記』）。朝鮮戦争期の地域社会に対するこうした認識は、諸運動が軍事基地問題と連動していく要因であった。

またこの時期、共同闘争委員会に限定されない運動の新たな担い手が登場した。生活の破綻により、様々な人びとに負担がかかるなかで、とくに子どもの養育と家計のやりくりを一手に担う主婦の負担が増加した。そのため、隣近所と協力、団結して、生活を守るための運動組織をつくり、実際に税金闘争で成果を上げていく主婦たちが現れた（『所沢新聞』、『平和の力』）。

このように朝鮮戦争期、運動側は新たな展開を示すが、その一方で共産党に対する弾圧は全国的に強化された。五・三〇事件に関してマッカーサーを非難する公開質問書を掲載した所沢新聞編集長の山畑儀雄や新聞を配布した山畑武雄日本共産党所沢群委員長など数名が「勅令三一一号違反」で検挙され、『所沢新聞』は無期限停刊処分となった（川島高峰　二〇〇〇年）。共同闘争委員会は、「平和えの限りなき力となつて町民諸君の生活の安定と向上のために斗う《ママ》」と宣言し、機関紙『平和の力』を発行する。しかし『平和の力』も一九五一年五月八日に無期限停刊処分となった。共同闘争委員会は、従来の生活の向上とともに新たに「平和」を明確な対抗軸としていく。

所沢御幸町駅の廃止

朝鮮戦争勃発前後、連合国軍の貨物輸送が激しくなった。一九四九年度に所沢基地から発送された物資量は、一日平均六車、一〇六トンであったが、一九五〇年の下半期には一日平均三〇車、五四八トンにのぼった。物資は、所沢御幸町駅から次駅である入曽駅までの間を連合国軍専用の側線に切り替えて基地内に搬入、搬出されていた。その間、西武鉄道は臨時停車せざるを得ない。しかも連合国軍の貨車の到着時刻は連絡されなかった。そのためダイヤが乱れ、西武鉄道は乗客を減らし減収となった（『地免　西武鉄道　昭和二六年』）。当該期、西武鉄道の営業方針は、都内通勤者のために本線のスピードアップを実現するとともに、沿線に観光施設を開設し旅客を勧誘することであった（『七七回営業報告書』）。兵器補給廠への連合国軍の貨物輸送による輻輳状況は、西武鉄道の営業に大きな支障をもたらした（『社債発行目論見書』）。

西武鉄道は、対応策として、基地入口に北所沢駅を新設し、そこから兵器補給廠へ連合国軍専用の引き込み線を通す計画をたてた。同時に新駅の資材を確保するために所沢御幸町駅の廃止を決め、一九五〇年一一月二八日、東京陸運局に所沢御幸町駅の廃止・移転を申請した（前掲『地免』）。

西武鉄道は三つの理由から駅の廃止を主張した。第一は、連合国軍の貨物輸送をスムーズに行うためである。西武鉄道は事前に連合国軍に協力を依頼し、全面的な賛同を得ていた。

第二は、通常運行、一般貨物の取扱を正常化することで、乗客の利便回復と所沢住民の要望に応え、さらには所沢地域の開発発展に役立てるためであった。この点も、すでに、衛星都市化、観光都市化を目指していた所沢地域の有力者から賛意を得ていた。

第三は、所沢御幸町駅は戦前に、会社や住民の要望ではなく、軍部の要請で設置されたためである。東隣の所沢駅から八〇〇メートルに位置しているにもかかわらず、西隣の入曽駅からは約六キロメートルも離れているなど位置的にも偏っていた。新駅に移転することで、住民の利益になることが強調された。

この申請に対して、東京陸運局は一九五一年二月二七日に、一部地元から反対の声があがっているが連合国軍の輸送上やむを得ない措置であるとして認可した（前掲『地免』）。西武鉄道は、連合国軍、一部の地域指導者から協力を得ながら、一部の住民からでた反対の声を無視して、所沢御幸町駅の廃止と北所沢駅の新設を進めた。

2　所沢御幸町駅廃止反対運動の展開

経　過

それでは、所沢御幸町駅廃止反対運動はどのように展開されたのだろうか。まず簡単に運動の経過を追ってみよう（『平和の力』、『読売新聞』埼玉版、『埼玉新聞』、『みんなの声』、『みんなの力』など）。一九五〇年一二月、所沢御幸町駅の移転計画が住民に広まり、駅周辺の自由党有力者が反対署名を集めたことから運動は始まった。共同闘争委員会は当初自由党への対抗から静観しており、遅れて参加することとなる。一二月二三日に、駅廃止反対の市民大会が自由党から共産党まで統一して開催され、二〇〇名ほどの参加者と六〇九二名の署名が集められた。大会では駅廃止反対の決議が採択され、全市議会議員を委員として西武鉄道と交渉が始まる。しかし西武鉄道は、重要貨物輸送のため一部から反対があっても断固実施すると明言し（『読売新聞』埼玉版）、さらに新井市長は、連合国軍との関係を理由に、所沢御幸町駅の廃止を承認していた（『宣伝指針』五二号）。そのため交渉は困難を極めた。

一九五一年四月、所沢市長選挙が行われ、駅の移転に賛同した新井市長は落選し、駅廃止に反対の態度を示し、共産党からも推薦を受けた無所属の内田常光が当選した。だが、市長が替わったものの駅廃止への動きは止まらず、六月一一日、新駅である北所沢駅が営業を開始すると同時に、所沢御幸町駅には列車が停車しなくなり、事実上廃止となった。ただし、所沢御幸町駅存続期成同盟が結成され、駅廃止反対運動は継続した。西武鉄道は駅を取り壊すために業者を派遣するが、共産党よりも駅周辺の女性たちがいち早く行動し、業者を追い返した（「地区党報」四二号）。結局、一二月に駅周辺の有力者が西武鉄道側と懇談し、西武鉄道が所沢の将来にプラスになるように所沢駅周辺を開発すること、全市域の開発発展のため、所沢市を北へ発展させることを確約したことで、駅廃止反対運動は収束にむかった。

運動への参加動機

では、所沢御幸町駅と関わって地域で生活している住民は、なぜ、どのような目的で運動に参加したのだろうか。西武鉄道と交渉を始めた市議会は、所沢御幸町駅の廃止には反対したが、北所沢駅を新設することには産業復興をはかるために賛成した（『だんけつ』）。また駅周辺の商人は、収入が減るという生計上の理由から駅廃止に反対したが、北所沢駅の新設には反対ではなかった。駅を利用していた通勤者も、通勤が不便になるため、または所沢御幸町駅が所沢市の中心地にあるので、所沢市の発展のために廃止には反対であったが、北所沢駅の新設については関心が薄かった（『平和の力』）。このほか駅周辺の青年会も当初「単純な若い者の正義感から」参加するが、実際の参加のあり方は商人たちと同様であった。

多くの住民は、新駅に関心を示していないことから分かるように、基地との関連で北所沢駅の新設を阻止しようという認識ではなかった。むしろ所沢市の発展のために役立つのであれば、北所沢駅の新設を歓迎する声もあった。駅周辺の住民が、共同闘争委員会よりも早く所沢御幸町駅の廃止反対運動を開始し、市民大会や駅存続期成同盟に参加していった大きな理由は、自らが利用してきた所沢御幸町駅が廃止されることによる生活不安であった（『関沢豊久日記』）。

他方、共同闘争委員会は、所沢市を中心に軍都化が推進されて戦争の脅威が現実問題となり、市民生活に大きな不安を与えている顕著な事例として所沢御幸町駅廃止問題を捉えていた。そのため「税金とられ、足とられ、駅までとられる飛行場復活はまっぴらだ」というスローガンを掲げ、飛行場拡張のために土地を供出させられた戦時期の体験を引き合いにだし、朝霞と豊岡をむすぶ軍用道路の用地として土地が取り上げられる可能性があることを訴えて、北所沢駅の新設を含めて所沢御幸町駅の廃止に反対した（『平和の力』）。

所沢御幸町駅の廃止は、地域住民の生活要求と政治的・軍事的問題の両側面が同時に課題として浮上した事例であり、廃止反対運動へ参加した住民の動機や要求には差異がみられた。

運動の閉塞

しかし、当初、所沢地域の運動は、駅周辺の住民を含めて市民大会が開催され全市的に盛りあがったため、米軍基地地帯の中心にある所沢基地の存在を重視していた日本共産党埼玉県委員会から、軍事基地化に反対する運動として高く評価された（「人民とともに」七二号）。所沢共産党は「更に政治的に『飛行場復活のための駅廃止反対』の斗争《ママ》に進んでいる」と報告し、軍都化反対をスローガンにして運動を継続していった（「細胞代表者会議報告〔案〕」）。そのため、反対運動を通じて、共同闘争委員会、共産党の運動方針・方法の問題点が顕在化した。

第一に、共産党は従来支持されていた住民の生活要求より、軍事基地化反対という政治的・軍事的要求を強調して運動を展開したことである。上部機関から期待されることで、さらに政治的に展開し、住民の運動への参加意識や要求とのズレを広げる結果となった。そのため、住民は共産党への感情的な反感をいだくようになり、共同闘争委員会は、様々な動機から運動に参加していた地域住民をまとめることができなかった。

第二に、共産党は大衆が無知であることを「軽べつ」し、現実を無視して運動を展開したことである。そのため大衆へのアッピールは成功しなかった（『関沢豊久日記』）。また、青年会などの文化運動と接点をもったが、「同志の或いはシンパ」を獲得するような共産党の行動に対して青年会員は「どうもおかしい。何かかけているか、方法が誤ってゐるかしていいは《ママ》しないだらうか。俺の希望する所は現在の社会状勢の正確な情報の交換、状勢判断、或は分析の研究――その結果に基づいて各自のグループ、サークルの活動源とする。こうしたものにしたい」と批判した（『関沢豊久日記』）。当該期の共産党のこうした視線は、住民の運動への参加意識を見落とさせ、運動を統一できなかった要因の一つであった。

それでは住民側は共産党をどのようにみていたのだろうか。一九五一年三月二四日付の『平和の力』には、「最近の共同斗《ママ》争委員会機関紙『平和の力』はほとんど街の記事がのらず『全面講和』とか『戦争反対』とか云う文字ばかりで私たちの知りたいと思う事は少しも書いてなく、何がなんだかさっぱり面白くなくほとんどよむ気が起りません。（中略）私たちの新聞なら私たちの毎日の出来事を書くべきではないでしょうか」という読者からの投書が掲載された。共同闘争委員会に理解がある人のなかでも、運動が講和問題などに集中していることを批判的にみていたことがわかる。

住民が駅廃止反対運動から離反していったのは、西武鉄道や地域指導層が提示する開発、衛星都市化という地域のあり方の方向性を住民が支持したためであった。運動側は軍事基地化反対というスローガンを掲げたものの対抗できなかった。その後、占領前半期以来、地域住民の生活要求に応えてきた共同闘争委員会にさらに大きな打撃を与えたのは、共産党の「武装闘争」方針であった。一九五二年八月、横川事件（埼玉県比企郡大河村で横川重次が襲撃された事件）が起こり、所沢周辺の若い共産党員が関与したとして、新聞で大きく報道された。一九五二年一〇月の衆議院選挙では、所沢市における共産党候補者の得票数は、四九年の選挙に比して、四分の一に激減した。

新たな担い手の登場

共同闘争委員会の運動が閉塞化する一方で、所沢御幸町駅廃止反対運動では、共同闘争委員会に限定されない地域住民が様々な目的で参加し、とくに「若い人や地元のおかみさん」が熱心に運動を展開した（『平和の宣言』）。運動の経過で指摘したように、駅解体業者を追い返したのは駅周辺の「おかみさん」であった。

また基地周辺で文化運動に携わっていた青年会員たちも、参加時期は少し遅れるが積極的に関わった。御幸町青年会員の関沢豊久は、駅廃止反対運動が停滞しつつあった一九五一年六月、共産党から参加を要請され運動に加わった（関沢については第三節を参照）。

ただし関沢は、共産党の主張する軍事基地化反対というスローガンをそのまま受け入れたわけではなかった。駅廃止は誰にとって利益があることなのか、なぜ廃止しなくてはならないのかを客観的に判断して、駅廃止反対運動に住民の関心を引き戻すことが重要であると考えていた。また、所沢御幸町駅を会社側の一存で廃止することは、少数者の利益のために多数者が不利益になることであって、この様な動きに対しては、断呼として抵抗すると主張した。多くの住民が運動に参加する契機となった死活問題だという感覚と西武鉄道側の一存で生活不安を強いられることに対する批判を、駅が実質的に廃止された後でも継続できるように、関沢は運動方法を考えていたといえるだろう（『関沢豊久日記』）。

このように、共同闘争委員会に所属しない住民、とくに主婦と青年は、西武鉄道の一存で生活不安を強制されることに対して異議を表明し、市民大会に参加し、駅の再開運動にまで参加していった。運動の新しい担い手といえた。

それでは新たな担い手である青年会員の関沢はどのように運動をみていたのだろうか。関沢は、運動の現状分析を行うなかで、最初に運動から離脱していったのは駅周辺の商人であったと述べる。商人は、はじめは死活問題だと興奮したが、再開の見通しがたたないなかで、「駅はないよりはあった方がいいけれどいつひらかれるわからない。永い間無理したって、それが成功するとはきまらしない。（中略）まあ駅がなかったものと思えばいいぢゃないか。これにぼっとすると骨折るだけくたびれもうけになるだろう」「西武はひどいよ。だけど金の力にやかなあねえや。エへへへ」と諦観を漂わせていった。しかし、人びとにこうした諦めを克服させることが今回の運動のもっとも大切な点であると、関沢は強調した。「西武はひどい。金の力はたしかに強い。権力はたしかに俺たちに強い力をもっている。併し俺たちに不利益を及ぶかぎりこれに抵抗しなければいけない。金力、権力に対抗出来るものは、なんだろう。意識か精神力か。そんなむずかしいものではない。大勢の一本になった力だ」と述べ、「無力者が多数団結すれば権力に対抗出来る」という考え方がこの運動の最大の意義であり、こうした考え方が地域住民に根付くことで運動は継続できると記していた（『関沢豊久日記』）。

たしかに所沢御幸町駅の再開運動はうまくいかなかった。しかし、運動を通じて新たな担い手が出現したことの意義は大きい。関沢は、これまで運動をリードしてきた共産党の基地反対、再軍備反対という主張に賛成であったが、その運動方針をそのまま引き継ぐのではなく、自分で地域の運動状況を検討し、地域住民が駅の再開を実現するまで、運動を継続できる方法を模索していた。

3　文化運動の展開——人形劇団どんぐり座——

どんぐり座の活動

青年や主婦たちが、朝鮮戦争期に文化運動や駅廃止反対運動の担い手となった契機・過程について、本節では、所沢御幸町駅廃止反対運動に参加し、所沢共産党の運動に共感を示しつつ鋭い批判を述べていた関沢豊久に注目して検証する。ここでは、関沢の日記を中心に論じることとする（以下、とくに断りがない限り、『関沢豊久日記』による）。

関沢は、一九二八年、所沢町御幸町内の鰻屋の長男として生まれ、所沢小学校、町立所沢商業学校を卒業した。敗戦後、青年会の有志とともに図書室を開設するため、各町内を回り、単行本、雑誌、現金の寄贈・寄附を募った。約五〇〇冊を集め、旧所沢商業学校の一室で週二回開室する。運営、管理は青年会員が順番で担当した（「活動概況」）。

周知のとおり、戦後、全国各地で青年団による文化運動が活発化した。所沢地域でも同様であった。例えば、松井村牛沼青年団の記録には、男女青年団員が運動会や演芸会を開催し、その準備と後片付けに追われている様子が記されている（越阪部夾『分団長日記』）。各地区の青年団では、民謡発表会、映画会、レコードコンサートなどが開催され、素人演芸は大盛況であった。

また、各地域青年団は機関誌を盛んに発行した。関沢が所属していた御幸町青年団の団報『いづみ』には、団員からの多数の投書や、「恋愛論」「幸福について」などをめぐる討論が掲載されている（『いづみ』三号、四号）。こうしたテーマは当該期、全国の青年団で共通していた。敗戦直後、「男女平等」の気運のなかで、連合国軍による男女交際の「奨励」政策も相まって、青年団をはじめ男女の出会いの場は広がっていた。男女交際や恋愛・結婚問題は、新聞や雑誌で頻繁に取り上げられた。当初、家制度や封建的男女関係からの「解放」という文脈で語られる傾向が強かったが、次第に恋愛関係を含めた男女交際のあり方など男女共通の問題へと変化した（吉田桃子　二〇〇〇年）。

御幸町青年団では、「誌上討論会　恋愛論」欄などで、恋愛結婚について議論をしていた。また「男女青年団としての交りを望みます」という投書に対して、男性の支部長は、「談話室」欄のなかで、男女の交際は「重大なこと」であり、青年団を男女合併した理由も「男女の正しき交際」のためである。男女が朗らかに話をしていると「不潔なる青年団である」と噂する人たちが存在することは残念なことであるが、男女ともに楽しむことができる行事を行いたいと応答している（『いづみ』三号）。御幸町の青年たちもまた、敗戦後の自由な雰囲気のなかで、男女交際や恋愛を謳歌しようとした。

関沢が副部長を務めていた文化部は、子供会で紙芝居・人形劇の公演を始めた。御幸町は、基地正門に一番近いこともあり、「基地の街」と化していた所沢地域のなかでも「米軍相手の女性」が多く暮らしていた。こうした地域の状況に対して、恋愛論や男女交際について議論していた青年会員は「思春期のヤリキレなさ」や、「米兵に媚態を見せる場面、それらに目を向ける子どもたちに、これでいいのかと云う素朴な疑問」を感じていた（「活動概況」）。そして始まったのが、素人演芸とは性格を異にするような、子供会での紙芝居・人形劇運動という「健全」な文化運動であり、子どもたちとの交流であった。一九四八年八月に「どんぐり座」と劇団名を正式に決定した。

どんぐり座は子供会で紙芝居と人形劇を交えた公演を行った。会場の床が子どもたちの重みで抜けるという事件が起こるほど、子どもたちからの評判はよかった。どんぐり座員は、火の番などをして活動費を作りながら、町内の山車小屋を稽古場にして積極的な活動を行っていた。一九五〇年、熊谷で開催された埼玉青年文化祭ではどんぐり座の公演した人形劇（「白いむく犬」）が第一位となった。翌五一年、川越で開催された文化祭でも第一位を獲得した。一九四八年四月時点で会員は一六名、同年八月には二一名となった。詳細は不明だが、会員は一〇代後半から二〇代前半の男性が多く、女性も所属していたが、中心は御幸町に住む商店の長男、あるいは工員であった（「どんぐり座のあゆみ」）。

一九四八年になると、地域青年会の運動は全国的に停滞しており（北河賢三　二〇〇〇年）、御幸町でも同様であった。どんぐり座は、一九四九年末から五〇年にかけて、人形劇に関心がある人であれば、どこに住んでいても部員になることができるように、地域青年会文化部から離れ、「人形劇運動の本質を探り、青年の文化運動の健全なる一方向」をたどることを目的に、「人形劇研究部」として独立した（『青年会新聞』Ⅱ）。

地域青年会から独立したどんぐり座は、一九五〇年に「1．私達はいつもすなほな明るい気持をもたう、2．人形劇をすることによって、私達の教養を高めよう、3．人形劇をすることによって、正しいことを学び多くの人たちにつたえよう、4．多くの人たちに親しまれる人形劇を創り出そう、5．人形劇は誰にでも出来るものだと知らせ、それをひろめよう、6．人形劇だけでなく幻灯、紙芝居等で〝いつ〟〝どこで〟でも出来るようにしよう、7．どんぐり座と同じ考をもつほかの団体と手をつないでいこう」といった方針を立てた（関沢豊久「〈ノート〉」）。

関沢豊久の模索

関沢は、当初、人形劇を道楽、または趣味としてやり始め、人に喜んでもらえればよいと考えていた。しかし、子供会で演じたときの子どもたちのうれしがり方をみているうちに、道楽といえども大きな意義があると感じ、いつしか「自分の生きる為の手段を二次的なものにしてしまひ、大変不安定な日常生活を送りながらもその行為に趣味としての興味が強く、やめられない」と日記に記し、人形劇にのめり込んでいった。人形劇団を継続することは、「必ずしも悪い行為ではないので、（否かえって非常にヒューマンな行為であるのだから）、いつか自分の生活は保証《ママ》されるのだ」という考えを抱いていた。

こうしたとき、関沢は税務署から差押えの予告通知をうけ、さらに青年会に対する「あれは赤だ、共産党だ」という噂を耳にする。この現実に触れて、関沢は、これまでは青年会での活動をヒューマンな取り組みだと思い上がっていたと述べ、青年会への信頼と活動の方向性を確認するには生活に対する自信、つまり安定した日常生活が必要であると、生活・労働・職業と人形劇運動の関連について考え始めた。

関沢は、職を持つとは「生活の資」を得て、「社会的生活の責任を遂行する」ためであり、「正面きって恥じる所のない職業」にこそ、「真に一生の仕事として精魂をかたむけるだけの魅力」があると考えていた。そのため、どんぐり座の活動を中心とした青年会活動を行うにあたり、自らの料理店という職業について、次のような悩みを抱える。

併し、一歩奥深くつき進んで料理店の性格を考えるに、それは、主として人間の遊興心を満足させんが為に居るのである。そこに見られるのは、何等の生産することのない消極的な依存の生活なのである。

昨日S製《ママ》麦所へうな弁の仕出しがあってそれをとどけにいった時のことである。そこで、私のみたのは、所沢警察署の署長をはじめとする警察官五、六名の酒宴である。町内有力者宅に於てのこの宴会。そこに感じられるのは非常に不純な空気である。いわゆる検察関係の私有化である。勿論これは想像である。しかし現在、言はれてゐる警察等の風評からをして私にはこれ以外に考えようがないのである。

こゝに行はれた酒宴によっていかなる計画がなされたか、それは決して一般の人間が益する様なものではなからう。

この反社会的と断定し得られる様な各種の会合程、料理店の余沢をこうむるものはなく、現在料飲店の収入を主ならしめてゐると云へるのである。
私の家にしてもそうである。S家の如き、顧客として優たるものなのである。
これらの人々からの注文に依然《ママ》した生活こそ、反社会的な勢力にもたれた寄せ木と云へるであらう。
社会的な人間として生きる道――これはどこにあるのだらう。いつぞや富岡の山田に洩らした百姓はい、なと云ふ事も生産的な生活、己の生産したものによって人間を養って行くんだと云ふ直接的な社会意識、これが、現在の寄生虫的生活にある私に羨望の念を起こさせたのであらう。

＊

併し、現在の生活を捨てることは難かしい。といふより、現在の職業に社会的人間として生きるだけの価値があるかどうかを皮相的にならずに考えなければいけない。人間には慰労も大いに必要だということを――難かしい問題である。

（『関沢豊久日記』）

青年会の活動を続けるうえで、職業と生活との関係に悩みつつも、関沢は「人間はただ生活してゐるだけでは能がない。好きな事をやって少しでも世の中に明りを灯さなくてはいけない。たかの知れた行為かも知れないが、小さなローソクの灯ぐらいの価値はあると自負している」と日記に記し、どんぐり座の活動を積極的に進め、新たに巡回小公演活動を計画する。

どんぐり座の活動は、日本社会や地域社会状況を観察した彼なりの「社会的な人間として生きる道」であった。関沢は、税金闘争の際、町長と掛け合う共産党員の粗野で無統制な態度や行動に対して不信感を持ち、共産党は民衆の上にあぐらをかいていると批判する一方で、地域社会で社会改革のために精力的に活動している共産党員に共感を示していた。所沢共産党に対する弾圧が目の前で行われることに対して、それに賛同するマスコミを含めて「前途に明るさを目ざしての努力であり国家であらうか。暗い闇になりそうだ、人間性が燃やす、人間の灯も一つ、又一つと消されてゆく」と、批判的に見ていた。

また、「片面講和」の支持者や無関心な人びとに対して「バカヤローと。いまこんなあぶない時にゐるんだぞ、ヤイ！と。〝こんど又、あー俺たちはだまされてゐたんだ。俺たちのせいじやねい。一部の指導者のせいだ〟とわめいたつて、その時にはおつつきやしねえんだ」と戦時経験を振り返りつつ苛立ちを記している。

しかし、わからない大衆を批判するのではなく、知らせない、隠している政府、ジャーナリズムなどに対して怒りをもち、またそういった大衆に対して「軽ベツ」をしている共産党をも問題にしている。「大衆は無知である」が、「馬鹿ではない。それは知らなければならない状態を知らないからだ」と述べ、どのように伝えるのか、何を伝えるのかを模索していた。

「社会を見る目」

関沢は、これまで人形劇を通じて何を訴えるかについて無関心であり、自分たちの身近な事件や生活に関わる状況について研究をしてこなかったと、どんぐり座の活動について反省する。「終戦直後の自由な社会への希望に溢れていた時とはまるで反対の立場ですら正しい」とされる朝鮮戦争期には、正しいか、正しくないか、あるいは自分たちがどのように生きるかを、大勢に流されるのではなく、自分たちの立場を確実に掴んだ上で決定しなくてはならないと考えた。

そのため「人形劇をすることによって、正しいことを学び多くの人に伝えよう」と謳ったどんぐり座の方針にある「正しいこと」とは何であるかを問い直している。その結果、人形劇の本質は、〝だまされていたんだ〟という人を一人でも減らすことであり、そのために人形劇の巡回公演を継続する必要があると、どんぐり座の活動の意味、そして、巡回小公演の意義を主張していく。

関沢は、朝鮮戦争期の地域社会状況とどんぐり座の活動の意義を考えつつ、所沢御幸町駅廃止反対運動に関わっていった。運動に参加することで、「今迄忘れられていた社会を見る目、世界の動きを見る目、そして何れが正しいのかを判断する目を養うことが出来るのではないか」と期待し、そこで得た「知識、考え方、見方を背骨にした青年会の一さいの活動こそ、真に新しい文化運動とい、えるのである」と述べている。

地域社会状況との接点のなかで、新しい文化運動の道を模索した関沢は、共産党に距離を置きつつも関わりを持っていく。所沢共産党員の関谷栄一は、「豊ちゃんの考を、自分だけ承知した形で提出しないで、もっと砕いてユーモラスにもって来て欲しかった」と指摘した。自らの考えを他へ広める方法について議論した関沢は、「皆んなが考える様になりさえすればいいのだ」「面白さの中にもっと有効になにかを取りいれるべきだ」「そうだ、俺の考をこの面白さの中に消化してしまわなければいけない」と文化運動の意義について考えを進めた。

朝鮮戦争期、関沢は、新しい文化運動を展開するためには、「社会を見る目」、つまり地域社会の現状を把握する目を養いつつ行動しなければならないと認識していった。人形劇運動の目標は、自分たちの生活を位置づけることで自分たちの立場を確定し、大勢に流されないで判断し、その考えを、「面白さの中」で伝えていくこと、そして、そのことで人びとが「だまされない」ようになることであった。

こうした認識をもつに至ったのは、アジア・太平洋戦争を経験し、戦後教育のインパクトを受けた青年の新しい価値観を表している。もちろん関沢ひとりで行えたわけではなく、敗戦直後から運動を継続していた所沢共産党をはじめとする共同闘争委員会との共感と批判を兼ね備えた交流も重要であった。どんぐり座の活動は、関沢の考えに共感するような青年たちが推進力となっていた。

地域社会における評価

どんぐり座は、地域社会の人びとから共産党ではないかと噂されていた。それは、御幸町在住者に限定しないで人形劇運動を掘り下げていく方向性を明確にしたため、地域青年会から分離し、数名の共産党員が参加することになったためであった。

これに対して関沢は、世間では活発に活動を展開し、権力に対して物怖じしない人を共産主義者と見なしているが、御幸町青年会の活動動機は、若者の単純な正義感であり、それは感覚的、感情的、本能的嫌悪に属するものであるのに対し、共産主義者とは、「マルクス・レーニンの社会（科）学的理論体系を体得した者」であり、両者は大きく異なると指摘した。また、青年会とは、色々な意見がバランスよく混合された「白」が理想であり、あれは自由党だとよといわれるのと同じくらい大変迷惑であると反論した。関沢にとって重要なことは、どちらの方が「社会改革の達成」を速やかに望めるかであった。

しかし、公共の施設などを借りることが出来なかったと回顧していることから、地域社会からは共産党とみられていたのだろう。とはいえ、どんぐり座は、一九五〇年、五一年と埼玉県連合青年団芸能発表会で連続して第一位を獲得しており、観客数は八〇〇〇名を超えていた。さらに巡回小公演などを通じて子供会を中心に地域社会に浸透していた。そのため、PTAなどは後援を打ちきることができなかった（「地区党報」四〇号）。

地域住民の視線が変化したのは、一九五二年頃にラジオなどの取材を受けてからであった。「何かうさんくさそうな目が大変好意的」になったと関沢は記している。一九五三年に開催された「児童生活研究会」主催の子供会に呼ばれたどんぐり座は、所沢小学校ＰＴＡ、小学校の後援を受けて、県の演芸大会を除き初めて学校の講堂で上演した（「活動概況」）。

一九五三年、所沢中学校教員の岩岡又四郎は、所沢基地が地域の教育環境に悪影響を及ぼしていると報告した（『所沢民報』、埼玉県教職員組合連合「第三次教育研究推進研究集録」）。同じ頃、教員、青年たちを中心に「所沢子どもを守る会」の準備会が開催された。関沢を中心にどんぐり座もメンバーに加わった。そこでは、どんぐり座に対する期待は大きく、子供会や婦人会、ＰＴＡから数多くの人形劇公演の依頼をうけた（「〈どんぐり座活動記録〉」）。このように、朝鮮戦争期に運動の新たな担い手となった青年と主婦が合流することもあった。

子どもだけでなく、教員や母親たちを中心に地域住民から好意的に見られるようになったどんぐり座ではあったが、会は次第に停滞期に入っていた。出席者は多くても八名程度であり、二人三人のときも増えていた。一九五三年には雨天で公演が延期になったときに、何度も活動に張り合いがなくなったことについて議論している。そこでは様々な論点が提出された。会の雰囲気に問題があるというもの、人形劇運動を行う意義に対する会員の認識の差異、関沢の「ボス化」とそれを予想した関沢の消極性、計画性がなかったこと、連絡の不徹底などがあがった。

どんぐり座のメンバーは、活動の目的を納得するまで話し合い明確化することで、結束を固めることができるのでないかと考え、一九五四年に会則を作成した。議論の結果、会の目的は「地方に於ける演劇運動の確立を目指し、健康的な特色ある人形劇を創る事」となる。関沢は、人形劇の実践を通じて、「生活の中に文化創造の喜びを見いだす」とともに、いかに生きるべきかを探求するといった内容を提案するが、「どんぐり座が修練道場的に思える」といった批判があり訂正された（「どんぐり座の歩み〈ノート〉」）。「人形劇の為の集まりである限り、人形劇の創造以外に集りを統一するものがある筈がない」ということを確認し、どんぐり座は再スタートを切る。実質的に七名となっていた（「どんぐり座のあゆみ」）。

一九五五年以降、会員たちは結婚や仕事のため集まることができず、また公演の依頼を受けるものの、新しいレパートリーを創る余裕がなく、手持ちの題材で間に合わせる状況が続いた。少人数でも可能な上演方法を検討し、人形劇映画を創ることを試みるも、資金難で行き詰まった。関沢自身も父親が病気で倒れ、家業に忙しくなったこともあり、一九五八年頃には活動することが困難となった（「活動概況」）。しかし、どんぐり座は解散したわけではなく、一九五六年に結成された全市民的組織である原水爆禁止所沢会議に参加していくなど、平和運動への関わりを継続していった。

単線的ではない戦後日本の社会像

所沢地域は米軍基地に隣接していたことから、朝鮮戦争の直接的な影響を受けた。そのなかで多くの住民は、地域指導層や西武鉄道が提示した開発、衛星都市化、観光都市化という地域社会のあり方を支持した。しかし、都市化は一直線に進んだわけではなかった。一九五〇年代前半、地域指導層による構想では、医療、教育、文化、平和問題などに対応できなかった。

たとえば、医療問題について見てみよう。一九五一年、所沢市富岡地域では、農民組合が隣村の大井村にある大井医院から協力を得て診療所を開設した。当初、農民組合は、地域指導層と対立していたため、患者の多くは農民組合員関係者であった。だが富岡地域の医療環境は劣悪であった。往診は非常に広範囲にわたり、様々な病状の患者が診療所にかかった。農繁期には仕事が忙しく交通も不便であることから、病気が重くなるまで医者にかからないといった農村地帯の医療状況の特徴も見られた。こうしたなか、富岡診療所の伊藤淳医師は、保険診療と往診を組合員だけでなく、地域指導層の人たちにも分け隔てなく行い、治療の成果をあげていた。

そのため、共産党の「武装闘争」方針の影響を受け、地域で反共意識が高まっていたにもかかわらず、一九五一年に三二五八名であった患者数は、翌年には三七七〇名、一九五三年には六五五八名と増加していった。患者数の増加にともない、設備が不充分であると組合員から不満が噴出してきたことから、建設準備委員会が組織され、新しい診療所の建設計画がはじまった。準備委員会は、地域の多くの住民から協力をえて「みんなの診療所」をつくることを目標にし、地域指導層とも議論を重ねた。一九五六年、富岡診療所は地域指導層からの賛同も得て新築移転する。

一九五〇年代前半には、生産力増進や開発を進めても、地域指導層を含めた多くの人びとにとって医療事情が好転したわけではなかった。当該期、所沢市の富岡地区だけでなく、近隣の川越市、川口市、熊谷市、所沢市の旧町地区にも診療所が開設されていった。

もう一つ、平和運動の事例を紹介したい。一九五六年に原水爆禁止所沢会議が全市的に組織され、所沢地域では原水爆禁止運動が高揚する。この「所沢会議」には、新井萬平元市長をはじめとする地域指導層が名を連ねた。同時に、議員、地域婦人会の他、富岡農民組合、どんぐり座、富岡診療所なども加盟している。事務局を担ったのは、占領期、新井市長と対立していた所沢新聞編集長の山畑儀雄であり、新制中学校を卒業した青年層が彼の周りにあつまってつくったサークル「赤とんぼ」に所属する若者であった。占領期から五〇年代前半に対抗していた諸勢力が合流したといえる。平和問題についても、地域指導層だけで対応できたわけではなかった。

このように、一九五〇年代前半、地域指導層は、様々な側面で都市化という方向だけでは地域社会を律することができなかった（鬼嶋淳　二〇〇九年）。

都市化で包摂できない諸問題を担ったのは、主に共同闘争委員会など占領前半期からの運動の担い手や、朝鮮戦争期に新しく運動の担い手となった青年や女性たちであった。

そのなかには、関沢豊久のように、戦時経験を振り返りつつ朝鮮戦争期の地域社会状況を把握し、占領前半期から運動を継続していた共産党や共同闘争委員会に対して、共感と批判の視点を持ちつつ接しながら、新しい文化運動のあり方を模索して、「社会を見る目」を養っていく青年が現れた。青年たちの文化運動は、地域社会から「アカ」だと噂される時期もあったが、巡回小公演の成果が地域社会に浸透し、子供会、婦人会、ＰＴＡなどから期待されるようになる。一九五〇年代には、基地問題、教育問題、平和問題などの有力な担い手となった。

埼玉県所沢地域の運動事例、関沢豊久の模索から明らかなように、人びとは、冷戦体制や東アジア情勢といった国際関係、地域レベルでの政治状況、企業の方針、都市化といった経済的側面など様々な影響を受けながら、自分たちが暮らす地域社会の明日を構想していた。朝鮮戦争期の地域社会における運動は、「民主化」を大義名分とした地域社会のあり方をめぐるヘゲモニーの争奪であり、民主化か否かという枠組みだけでは捉えることができない。占領期から一九五〇年代前半の地域社会では、地域指導層、日本共産党を中心とした運動勢力、戦後のインパクトを強く受けた青年など運動の新しい担い手、それぞれが地域のあり方を示して対抗しており、様々な可能性が残されていた。

こうした対抗関係が大きく変化していくのは、一九五七年にはじまる日本住宅公団による住宅団地の建設からであった。住宅団地が所沢市の北部に位置する北所沢駅周辺に造成され、五九年四月から入居が開始された。六三年五月までに八四三六人が入居した。この数は、一九六〇年の所沢市人口の約一三％にあたる。新住民の九〇％が東京都からの転居であり、有業者の九五％が東京都へ通勤していた。大量の人口流入となった北所沢駅周辺の宅地開発事業を契機に、所沢地域は「住宅都市化」へと明確に進むこととなった。一九六〇年代、農業地区に対する施策強化を求める声もあったが、開発、都市化へと歩みを進めた。所沢市の農家数は、一九五五年には総人口の三六・五％であったが、七五年には五％へ激減し、農地も六〇年から八〇年の二〇年間に四七％が改廃された（『所沢市史』下）。

都市化の流れは、地域の風景、地域の歴史文化を激変させた。一九九〇年以降、数棟の高層マンションが旧町地区に建てられ、蔵造りなど歴史的建造物は解体されていった。また、産業廃棄物焼却炉からの煤煙、ダイオキシン類の有害物質による環境問題が大きな問題となった。他方で同時に、町づくり団体が組織され、所沢の歴史をふまえながら新しい地域づくりのために積極的な活動をはじめている（『ところざわ歴史物語』）。

東日本大震災後、多くの人びとは、自らが暮らす地域社会やそこに根付いている地域文化、あるいは「歴史」がもつ意味を改めて問い直しているのではないだろうか。例えばこの間、歴史研究者は、歴史学と震災・原発事故との関わりについて反省を含めて論じている（『歴史学研究』八八四号、二〇一一年一〇月など）。そこで論じられている論点の一つに、災害により大きな損害を受けた歴史資料の保全・修復活動の重要性がある。この動きは、歴史研究者だけの問題ではなく、むしろ被災者側にいち早く見られた。例えば震災発生から二週間後、被災地の避難所では、町の職員などが「生活の証し」として瓦礫のなかから見つかった写真を洗浄・整理している（『河北新報』二〇一一年三月二六日）。また、現在でも、歴史資料のレスキュー作業には多くの市民ボランティアが参加している（宮城歴史資料保全ネットワーク、鬼嶋淳　二〇一二年）。こうした一連の動向は、「記憶」・「記録」がもつ意義を再認識し、地域の歴史文化を未来へ繋いでいこうという人びとの思いであると考えたい。

一九九〇年以降、新自由主義が社会に大きな影響を与えるなか、効率、成果が強く求められ、「文化」は軽視されてきた。しかし、震災からの復興を考える時、効率化の側面からだけで、地域で生活を支えてきた「歴史」「文化」を切り捨てることはできない。現在私たちは、戦後日本社会の歴史を、敗戦後、戦後改革から戦後復興を経て高度成長を迎えていくというように、単線的に理解するのではなく、占領期から五〇年代前半という時代のなかで、戦争経験をふまえながら自分たちが暮らす地域のあり方を模索していた関沢豊久のような人びとの意識、葛藤、運動に目をむけて、それぞれの時期に地域社会で様々な構想が描かれていたことを知り、その後の時代に主流にはならなかった選択肢について、もう一度検討する必要があるだろう。

主要参考文献

〈史料〉

越阪部夾『分団長日記』一九四六年七月（所沢市史編さん委員会編『所沢市史』現代史料編、一九九〇年）
埼玉県教職員組合連合「第三次教育研究推進研究集録」一九五四年二月（所沢市史編さん委員会編『所沢市史』現代史料編、一九九〇年）
西武鉄道株式会社『社債発行目論見書』（一九五〇年六月）
西武鉄道株式会社『七七回営業報告書』（一九五一年一一月）
『関沢豊久日記』（関沢英子氏寄贈文書、所沢市教育委員会文化財保護課所蔵、以下「関沢文書」と略す）
『いづみ』三号、四号、御幸町青年団発行、一九四七年九月、一一月（「関沢文書」）
「活動概況」（「関沢文書」）
「〔関沢豊久ノート〕」（「関沢文書」）
「〔どんぐり座活動記録〕」（「関沢文書」）

「どんぐり座のあゆみ」（荻野一盛『人形劇団どんぐり座　七週《ママ》年記念号』一九五五年五月一日、「関沢文書」）
「どんぐり座の歩み〔ノート〕」（「関沢文書」）
御幸町青年会新聞編集部『青年会新聞』Ⅱ、一九五〇年二月七日（「関沢文書」）
『地免　西武鉄道　昭和二六年』3D―7・平12運輸―2355（国立公文書館所蔵）
日本共産党埼玉県委員会『宣伝指針』五二号、一九五〇年一二月二八日（「大島慶一郎関係資料」、ふじみ野市立大井郷土資料館所蔵、以下「大島資料」と略す）
日本共産党埼玉県委員会『人民とともに』七二号、一九五一年二月二五日（「大島資料」）
日本共産党埼玉西部地区委員会「細胞代表者会議報告（案）」（「大島資料」）
日本共産党埼玉西部地区委員会「地区党報」四〇号、一九五一年一月一七日、四二号、一九五一年三月一日（「大島資料」）
日本共産党富岡細胞機関紙『だんけつ』（「大島資料」）
日本共産党所沢北細胞新聞『みんなの力』（日刊新民報社所蔵）
日本共産党所沢細胞機関紙『所沢新聞』（日刊新民報社所蔵）
日本共産党所沢細胞機関紙『平和の宣言』（日刊新民報社所蔵）
日本共産党所沢細胞西部班機関紙『みんなの声』（日刊新民報社所蔵）
所沢共同闘争委員会機関紙『平和の力』（日刊新民報社所蔵）
『所沢民報』（日刊新民報社所蔵）

〈文献〉

雨宮昭一『戦時戦後体制論』（岩波書店、一九九七年）
荒川章二『全集日本の歴史一六巻　豊かさへの渇望』（小学館、二〇〇九年）
大門正克「高度成長の時代」『高度成長の時代一巻　復興と離陸』（大月書店、二〇一〇年）
大門正克『全集日本の歴史一五巻　戦争と戦後を生きる』（小学館、二〇〇九年）
川島高峰編『米軍占領下の反戦平和運動』（現代史料出版、二〇〇〇年）

鬼嶋　淳「戦後初期における農村社会運動の展開と地域社会」（『日本史研究』四九一号、二〇〇三年）
鬼嶋　淳「占領期における地域社会の対抗状況」（『早稲田大学大学院文学研究科紀要』五一輯、二〇〇六年）
鬼嶋　淳「朝鮮戦争期の地域社会における支配と対抗」（『日本史研究』五五八号、二〇〇九年）
鬼嶋　淳「宮城歴史資料保全ネットワークの歴史資料レスキュー活動に参加して」（『佐賀大学地域学歴史文化研究センター研究紀要』第六号、二〇一二年）
北河賢三『戦後の出発』（青木書店、二〇〇〇年）
グラック、キャロル「戦後五〇年」（『世界』一九九五年）
新津新生『朝鮮戦争と長野県民』（信州現代史研究所発行、二〇〇三年）
宮城歴史資料保全ネットワーク『宮城資料ネット・ニュース』（http://www.miyagi-shiryounet.org/03/news/2011/2011news_march.html）
三宅明正「朝鮮戦争と日本の社会」（安田浩他編『戦争の時代と社会』青木書店、二〇〇五年）
森武麿・大門正克編『地域における戦時と戦後』（日本経済評論社、一九九六年）
安田常雄編『歴博フォーラム　戦後日本の大衆文化』（東京堂出版、二〇一〇年）
山崎静雄『史実で語る朝鮮戦争協力の全容』（本の泉社、一九九八年）
吉田桃子「敗戦後の恋愛・結婚をめぐる意識」（プランゲ文庫展記録編集委員会『占領期の言論・出版と文化』早稲田大学・立命館大学発行、二〇〇〇年）

あとがき

本書の執筆者は皆、学習院大学で井上勲先生に学んだ同門である。井上勲先生は二〇一一（平成二三）年三月をもって退職された。

本書は、井上勲退職記念論集である――本来ならばこう書くべきところであるが、私達執筆者は本書『きのうの日本』がそのような企画本として扱われることを望まない。そもそも井上先生自身が退職記念論集なるものを認めない主義である。教師が虚栄心を満たし、弟子共が業績を稼ぐ――そのような自己満足の書籍にはしたくない。先生の看板を借りることなく、私達の力だけで『きのうの日本』を学術書として読むに値する成果とし、社会に問うことが先生の学恩に報いることになる。私達はこのようなささやかな願いをこめて本書を執筆した。今は『きのうの日本』が江湖に迎えられることを祈るばかりである。

学術論文を書くことの厳しさを教えて下さった井上先生の御指導があったからこそ、本書がある。感謝の気持ちをこめて、この本を井上勲先生に捧げたい。

最後に、私達の冒険心に共感して本書の出版を引き受けて下さった、有志舎の永滝稔さんに深甚の謝意を表したい。

二〇一二年八月二日

鵜飼政志
川口暁弘

本書の刊行にあたり、北海道大学大学院文学研究科から平成二四年度一般図書刊行助成金を得た。

執筆者紹介（執筆順）

鵜飼政志→編者紹介参照
川口暁弘→編者紹介参照

大内雅人（おおうち　まさと）　1975年生まれ　しょうけい館（戦傷病者史料館）学芸員

伊藤真実子（いとう　まみこ）　1972年生まれ　学習院大学東洋文化研究所客員研究員

谷本晃久（たにもと　あきひさ）　1970年生まれ　北海道大学大学院文学研究科准教授

濱田英毅（はまだ　ひでたけ）　1978年生まれ　学習院大学文学部助教

鬼嶋淳（きじま　あつし）　1974年生まれ　佐賀大学文化教育学部准教授

編者紹介

鵜飼　政志　うがい　まさし

1966年生まれ，学習院大学大学院人文科学研究科修了

現在，学習院大学／早稲田大学非常勤講師

主要著編著：『幕末維新期の外交と貿易』（校倉書房，2002年）

『歴史をよむ』（共編著，東京大学出版会，2004年）

『明治維新史研究の今を問う』（共著，有志舎，2011年）

川口　暁弘　かわぐち　あきひろ

1972年生まれ，学習院大学大学院人文科学研究科中退

現在，北海道大学大学院文学研究科准教授

主要著書・論文：『明治憲法欽定史』（北海道大学出版会，2007年）

「憲法学と国体論—国体論者美濃部達吉—」（『史学雑誌』108-7号，1999年）

「内大臣の基礎研究—官制・原型・役割—」（『日本史研究』442号，1999年）

きのうの日本—近代社会と忘却された未来—

2012年9月10日　第1刷発行

編　者　鵜飼政志・川口暁弘

発行者　永滝　稔

発行所　有限会社　有　志　舎

〒101-0051　東京都千代田区神田神保町3丁目10番、宝栄ビル403

電話　03(3511)6085　　FAX　03(3511)8484

http://www18.ocn.ne.jp/~yushisha

振替口座　00110-2-666491

DTP　言海書房

装　幀　奥定泰之

印　刷　株式会社 シナノ

製　本　株式会社 シナノ

ISBN978-4-903426-61-7